JN065051

続NHK民営化論

いつまで続ける「日本語の誤用及び外国語教育への妨げ」

木本 清

CHOEISHA

続ＮＨＫ民営化論
いつまで続ける「日本語の誤用及び外国語教育への妨げ」

NHK は、放送受信料支払者が指摘した問題点の回答もできず、今後も放送受信料を徴収して、事業を継続することができるのか。

本書を読めば、日本社会のカラクリが見えてくる。

まえがき

本書執筆中、前著『NHK民営化論』の読者の一人から、以下のようなメールを出版社経由で受け取った。

> NHK民営化論（木本清・著）を購入し、通読中です。p.38 ヤングケアラー care + er 云々で、「動詞 care から名詞 carer への転換はできない」とありますが、プログレシブ英和中辞典には「carer 1．ホームヘルパー 2．世話をする人」と載っています。カタカナ語を多用するのは困りものですが、そのカタカナを日本語読みするのは仕方ないことと思います（むしろ、カタカナを英単語として発音すると話の中ではキザとなるでしょう）。ただNHKが公共放送としての役割は終わったとは思っています；民営化でも構いませんが、解体すべきだと思っています。

筆者は色々な問題（特に英語教育に関すること）について、現在まで、自分の考えを積極的に発表してきた。そしてその内容に関し、疑問点あるいは反論があった場合、回答、あるいは更に反論し、理解を深めるようにしている。

従って、先のメールの内容に関し、以下のように回答及び反論する。

1．プログレシブ英和中辞典には「carer 1．ホームヘルパー 2．世話をする人」と載っています。

ご指摘ありがとうございました。高校生向けの英和中辞典は５種類くらいあると思います。筆者は30年間の在職中、２～３種類の英和中辞典を使用しましたが、長年『ライトハウス英和辞典』（研究社）を使用し、退職後も使用しています。それで

「動詞 care から名詞 carer への転換はできない」

となりました（プログレシブ英和中辞典は、一度も手にしたことがなかったので）。

２．「カタカナを日本語読みするのは仕方ないことと思います（むしろ、カタカナを英単語として発音すると話の中ではキザとなるでしょう）」

「英単語をカタカナ発音するのは仕方ない」ことが許されると、我が国における外国語としての英語教育は、成り立たなくなる。以下その理由をあげる。

日本語の発音と比べ、英語の発音の特徴として

①日本語にはない

[B 音] と [V 音]、[F 音] と [H 音]、[L 音] と [R 音] の区別がある。同様に日本語では曖昧な

② [S 音] と [SH 音]

の区別も、はっきりさせなければならない。さらに

③日本語にはない [TH 音]

ができるようにならなければならない、等々。

発音に関する限り、このような日英語の違いを学ぶことこそ、外国語として英語を学ぶ価値があるのではなかろうか。日本語にはないからと言って、このような違いを、カタカナ発音ですませるようであれば、もはや英語を学習する必要はなかろう。以下その具体例をあげる。

NHK ラジオ第 1 放送番組『ラジオ深夜便』担当者の村上里和氏（7 / 26, '19 ）は

演奏曲名「サム<u>シ</u>ング」

と発音した。下線部を「TH」音にすれば

→ something となり「不定代名詞」で

「あるもの、何か」という意味になる。

ところが [S] 音にすれば

→ Some (people) sing. となり

「歌う人がいる」という意味になる。

(村上氏のカタカナ発音は、[S] 音としか聞こえなかった)。

従って、このような場合

「カタカナを英単語として発音すると

話の中ではキザとなる」

どころか

「英語の発音をしなければ
　　　　　　　　　意味を伝えることができない」
さらに例をつけ加えると、同じ番組の複数の担当者が言った
「アスリート誕生物語」
これは英単語 “athlete”（日本語訳は名詞で「運動選手」）のことだと思われる。この下線部を正しく発音するには

舌を両歯の内側につけて [TH] 音を出し、すかさず舌を上歯のつけ根へ移動させ、「L」音を出さなければならない。

これができないようであれば、このような英単語を用いるべきではない。英単語 “athlete” を「アスリート」というカタカナ発音で、日本国内のみ通用させるというのであれば、それは英語教育の目的から外れてしまう。
我が国における英語教育の目的は、あくまで

英語を母国語とする人々（英語圏）のみならず、英語を外国語とする人々（非英語圏）との、コミュニケーションの手段。

でなければならない。

＊本書執筆にあたって
『ライトハウス英和辞典』（研究社）
『新明解国語辞典』（三省堂）
を使用した。

目　次

Ⅱ。続筆者の独り言

Ⅰ。「人は恥を捨てれば生きられる」

1．これでも日本国内通用語（？）
（「こんな日本語を話すのは止めよう」の典型例）

かつて、『ラジオ深夜便』を担当していた白髪の中年男性番組担当者は、恥もなく、英語のアルファベットや単語を、堂々とカタカナ発音をしていた（多くの中・高校生でさえも、このようなことをしないのでは？）。

これに続く、「人は恥を捨てれば生きられる」実践者として

NHKラジオ第1放送番組『マイあさ』の担当者は

①中・高校における英語の授業内容の、「〜してはいけない」ことを実行している。

また『ラジオ深夜便』担当者の

①「聴取者軽視の日本語」

「聴取者が理解できた、できなかったにはお構いなしの話し方」と、「少しでも聴取者が理解し易いように話す努力は、全く感じられない」。

②「英語の曲名を、ひどいカタカナ発音で紹介している」

以上のような例を、見てみよう。

＊英語の曲名は聞きとれないものが多く、漸く聞き取れたものは、筆者の推測で英単語を当ててみた。

⑴『マイあさ』担当者の日本語
（2019年4月1日～2020年3月31日）
（筆者が聴取するのは5：30～7：00）

『健康ライフ』
（月～金曜日の5：35分くらいから約10分間）

1）『健康ライフ』の意味

担当者のカタカナ発音から判断すると

『健康ライフ』→『健康＋“rife”』

のような気がする。しかしながら

英単語“rife”の日本語訳は「形容詞」で

流行して、広まって、横行して、盛んで

となっているから、構造的には無理。

そうすると

『健康ライフ』→『健康＋“life”』だろうか。

英単語“life”の日本語訳は「名詞」で

生活、暮らし（方）

となっているから

「健康な生活をするための情報」あるいは

「健康な暮らしをするための情報」

という意味になるだろう。

筆者には、到底理解できない言語感覚で

「日本単語＋英単語」の造語 →「健康＋“life”」という形を組み立てた。そして“life”をカタカナ発音すれば、“rife”としか聞こえないにもかかわらず、無理矢理“life”としている。

英単語をカタカナ発音し
日本文の中で日本単語と同じように用いる。

ことは、英語教育の立場上、許せないことである。
このことは、さらに重大な問題点を含んでいる。
「健康生活」あるいは「健康情報」と言えるのに、わざわざ『健康＋“life”』とすることに、筆者は

「日本語の英語に対する劣等感の表れ」

を見る。同時に
「母国語とする人の数に拘わらず
全ての言語は対等である」

ことも、理解できていないことに気づく。
多数のNHK番組担当者が、このような姿勢を見せて、日本という国家は、世界の中で生き残れるのだろうか。
まさに、日本の国益に係わることである。
経済界には、「費用対効果」という言葉がある。文字どおり

使った費用に対してその効果を問う。

ものと、聞いている。同様に言葉の世界には、「言葉対効果」というのがあって当然。

「健康ライフ」と「健康情報」のどちらが、聴取者にとって明解なのかは、説明の必要はなかろう。

問題点は続く。

2)「キャスター (caster)」の用法

『健康ライフ』
「聞き手は大久保彰絵キャスター
あるいは高嶋未希キャスター」

筆者は高校の英語教育を 30 年間担当した。NHK ラジオ第 1 放送の『健康ライフ』を聞いた学習者が、筆者に

「キャスター」とはどういう意味ですか(?)

と質問したと仮定する。そうすると筆者はまず

「キャスター」→ caster

と、カタカナを英単語の綴り字に変え、英和辞典を引く。そうすると

(ピアノ・椅子などの)脚輪、自在車
薬味入れ、薬味立て

という日本語訳がある。ところが放送に関する日本語訳はない。従って

放送用語としての "caster" だから、おそらく

"newscaster"

の短縮形だろうと推測して、"newscaster" を辞書で引く。そうすると

(ラジオ・テレビの)ニュースアナウンサー

という日本語訳がある。"announcer" の日本語訳は

「発表者」

ところが『健康ライフ』の内容は

主として疾病に関することを

医療関係者に質問して、説明を受ける。

ことであり、「ニュース担当者」ではない。

我が国で行われている英語教育は、あくまで「外国語としての英語教育」。学校で用いられる教科書、市販の参考書や辞書の説明に反するようなことをすれば、我が国の英語教育は成り立たなくなる。その理由は

「英語を母国語とする人々に

ひとつひとつ確認することができない」

ためである。

問題点はさらに続く。

3）「英単語による置き換え」

『健康ライフ』の終わりには

「それでは今日のポイントをお願いします」

と言う。

「それでは今日の要約をお願いします」

と言えるのに

「それでは今日のポイントをお願いします」

と言うべきではない理由を、英語教育の立場から以下説明する。

英単語 “point” をカタカナにして、日本単語「要約」の代わりに、日本文の中で用いる場合は、そのまま「ポイント」でよい（最も楽なこと）。

ところが英単語 “point” を、英文の中で用いるためには

1. 単数形で用いるか、あるいは複数形にするか。
2. “point”の前に置くのは「冠詞」、それとも「形容詞」。
3. “point” を英文に組み立てるには、どの動詞と組み合わせるのか。
4. 更に、どの前置詞を用いて修飾部を作るか。

等を考えなければならない。

名詞として、英単語 “point” を用いて英文を組み立てた例文を、見てみよう。

1. 名詞で「要点、眼目」を意味する時は、「定冠詞を伴い」

What's the point of his speech ?

(あの男の演説の要点は何ですか)

2. 名詞でも「努めて……することにしている」という熟語の場合は、「不定冠詞を伴い」

Helen makes a point of doing everything by herself.

(ヘレンは何でも自分ひとりでするのだと言っている)

3. 名詞でも「特徴、特質」の場合は、「形容詞を伴い複数形」にもなり

This new car has many good points.

(この新車は多くの優れた点があります)

のようになる。

英単語 "point" を「ポイント」に代えて日本文の中で用いると、以上のようなことには全く注意を払わなくなってしまう。そうすれば

1．英文を組み立てることはできない。

↓

2．英語を話す、書くことはできない。

ということになる。

我が国では、大多数の人々にとって「英語を話す、あるいは書く」必要は全くない。それにもかかわらず、中学校では45分授業で週3回、高校では、普通高校の場合、50分授業で週5回以上（実業高校では週3回くらいと

聞いている）外国語としての英語教育に当てている。

その内容は、入試が終わればほとんど役に立たない「受験英語」。その後は、6年間学習した英単語を、日本文の中で日本単語を英単語に置き換えて、自己満足する。日本単語を英単語に置き換えて話す日本人は

「英語を話す、あるいは書くことは
できないという自己表示」

だろう。

これがさらに進むと

日本語訳から幾つかの英単語を組み合わせ
いわゆる「和製英語」を作る。

次にその例を見てみよう。

4）「和製英語」

「三宅民生の『マイあさ』が始まります」

（月曜日～金曜日の 7：40 分から）

では、まずニュースを伝え、それから

「経済をさまざまな角度から考えます」

と言う。そしてそれぞれの曜日の内容

月曜日→最新の経済情報お伝えする、「ビジネス・トレンド」。

火曜日→経済をさまざまな角度から考える、「暮らしの経済」。

水曜日→今後の経済を展望する。

木曜日→経済の動きを読みとる。

金曜日→ビジネスの最前線を考える、「ビジネス・フロンティア」。

をつけ加え

「 マイ・ビズ、田中キャスターです」

で始まる。

問題点としてまず

「経済をさまざまな角度から考える」

がなぜ

「マイ・ビズ」

となるのだろうか。

マイ・ビズ→ my business

という意味だろうか（？）

筆者の経験では、“business”くらいの長さの英単語は、まず短縮形にしない。英語を母国語とする人々との会話で、短縮形を意識したのは

L.A. → Los Angeles

くらいしか記憶にない。

次に、「経済」というのは、“the Japanese economy”のことだろうが、“my business”というのは、「私の仕事あるいは職業」という意味になる（英単語“business”には、「営利を伴う」という意味があるので、仕事あるいは職業は制限される）。

英単語“economy”と“business”の意味は同じではない。平易な英語で説明したものは、以下のようになっている。

economy—the financial state or system of a country or region

（国あるいは地域の財政状態あるいは制度）

business—the activity of buying and selling goods or services to make money

（金銭を稼ぐための商品の売買やサービス活動）

『ラルース英語辞典』（秀文インターナショナル）

すなわち

対象となる範囲は economy → 国あるいは地域
business → 個人あるいは企業

活動内容は economy → 財政

business → 売買

次に、中・高校における英語の授業中、「してはいけない」ことを実行する、田中氏の例を見てみよう

「発音」

①「ピー・アール・ストラテジスト」

→ “P. R. strategist”（?）

“P. R.” は和製英語で、「宣伝」という意味らしい。

英単語 “strategist” を、「ストラテジスト」と発音してはいけない。その理由は、子音が連続する “strategist” の下線部に、母音を入れて、「スト」としてはいけないからである。母音を入れずに、“STRategist” と、一気に発音しなければならない。

“strategist” の日本語訳は「名詞」で

《格式語》「戦略家または策士」となっている。

宣伝の仕事をする、「戦略家または策士」という意味だろうか（？）

②「パラレル・ワーカー」→ “parallel worker”（?）

英単語 “parallel” の下線部、[R 音] と [L 音] は同じではない。また “worker” の下線部は、日本語にはない音。

企業に勤務し、商品開発の仕事をしながら、大学の特任助教を務める個人起業家を、「パラレル・ワーカー」

と言うらしい。

③「シンク・タンク」→ “think tank”（?）

「シンク・タンク」というのは、“think tank” のことだと思われる。“think tank” は

“sink tank” でもなければ “shink tank” でもない。

＊ “think tank” というのは

a group of people that is formed by a government or organization to advise them and to produce new policies or ideas.

助言をしたり、新しい政策や見解を作りだすために、政府や団体によって組織される小集団。

『ラルース英語辞典』（秀文インターナショナル）

④「アワード」→ “award”（?）

優秀な広告の表彰に関する話題の時、田中氏は「アワード」と言った (10 / 24,'19)。これは英単語 “award” のことだと思われる。田中氏はこの英単語の発音を、辞書で確認することもなく、「アワード」と「ローマ字読み」したのだろう。まさに

「日本語放送番組担当者としての無責任さ」

そのもの。

＊ “award” の発音は〔əwɔ́:d〕

日本語訳は名詞で「賞、賞品」

さらに

「英単語を用いる場合は、英和辞典でその日本語訳を
確認するのみでなく、用例も確認しなければならない」
を怠った田中氏の例。

①月曜日の、「最新の流行、
トレンド(trend ?) を紐解きます」
“trend” の日本語訳は名詞で
傾向、成り行き、大勢
その用法として
a trend toward union → 合併へと向かう傾向
modern trends in psychology → 心理学の最新の諸傾向
Prices are upward trend → 物価は上昇傾向にある。
がある。これらの用例から筆者は
「最新の流行、トレンドを紐解きます」
は、理解できない。

②金曜日の「ビジネスの最前線を考える
ビジネス・フロンティア (business frontier ?)」
“frontier” の日本語訳は「名詞」で
「定冠詞」“the” を伴って
《米》辺境《西部が未開拓のころの開拓地と未開拓地の境界地方》
次に《格式語》で「国境（地方)、辺境」
さらに [複数形で]《格式語》として（学問などの）
未開拓の分野、最先端

となっている。“business frontier” の意味はどのようになるのだろうか（?）

＊『マイあさ』担当者の評価

田中孝宜氏

田中氏は、話す日本文の終わりが、「吐き捨てるような」妙な癖がある。おそらく、高校生向け放送コンテストへの、出場経験もないのだろう（出場していれば、審査員の講評で、必ず指摘されているはず）。

筆者は福岡県立小倉西高校で、11 年間放送部の助言をした。その間、放送コンテストに出場する放送部員を何度も引率した。会場には大きな文字で

「後援 NHK」

があった。

高校生向け放送コンテストへの出場資格にも欠ける番組担当者がいる NHK。その NHK が、「高校生向け放送コンテストを後援する」矛盾を、どのように説明するのだろうか。

筆者は、放送部の助言をした 11 年間、すばらしい日本語感覚を持つ、一人の女子生徒ことは、今でも記憶している。その女子生徒は、北九州大会、福岡県大会ですばらしい成績を残し、九州大会まで出場した。

筆者は助言をしたこともなかったが、日本語の発声や感覚に関し、生まれつき備わっていた才能だったのだろう。

このように、放送部に所属して活動する高校生の夢は

「いつの日かNHKのマイクの前で

話したり、朗読したりする」

ことである。このような高校生達の夢を

「NHKはぶち壊してしまった」

三宅民生氏

三宅氏は、以前担当していた『ラジオ深夜便』

(1 / 2, '19) で

「遠藤ふき子アナウンサー」と言って

すぐ「遠藤ふき子アンカー」と言い換えた。

三宅氏は

放送用英単語 "announcer" と "anchor" の

理解ができていない。

と、筆者は推測した。

NHK衛星第1テレビ番組『PBS NEWSHOUR』は、かつて担当者Jim Lehrerの名前と組み合わせ、『Jim Lehrer News Hour』として10年以上続いた。「三宅民生のマイあさ」も、10年以上続くものと、筆者は期待している。

高嶋未希氏

「私はお尻を拭いた時、紙に血がつくことがあります」
(5 /13, '19)
「夫は痔瘻でした」 (5 /16, '19)
「母は長年便秘薬を使っています」 (6/ 19, '19)
以上『健康ライフ』
の発言から
「日本最も品なし女性放送番組担当者」では（？）

＊大久保彰絵氏の評価については、前著『NHK 民営化論』に記載しているので、そこを参照のこと。

⑵『ラジオ深夜便』担当者の日本語

(2018年4月1日～2020年3月31日)

(23：05～翌朝5：00

始まりの時刻は年度によって少し異なる。

筆者が聴取するのは4：45～5：00)

隔週で月曜日担当

工藤三郎氏（2019年3月まで）

4 / 9, '18

①「今夜の『ラジオ深夜便』も、夜11時10分から始まります。そのメニュー(menu ?)を紹介します」

"menu" → 番組内容のことだろうか。

"menu" の日本語訳は、名詞で

献立表、食事、料理

《電算機メニュー》

→ ディスプレイに表示されるプログラムの一覧表

従って

「ラジオ番組の内容として、"menu"

用いることはできない」

②「昭和歌謡スター・セレクション」

(歌手？)　"selection" →「選集」(？)

4 / 23, '18

①「介護は究極の営み」(？)

5 / 28, '18

①「ミニチュア (miniature ?) 作家」

“miniature” の日本語訳は、形容詞で「小型の、小規模の」。また “miniature” は、「ミニチュア」というカタカナ発音ではなく、[míniətʃùə] あるいは [mínitʃùə] と発音しなければ、その意味を伝えることはできない。

6 / 11, ’18

①国立遺伝学研究所名誉教授の話
　―「遺伝の世界はワンダーランド (wonderland ?)」

“wonderland” の日本語訳は、名詞で
不思議の国、おとぎの国
すばらしい所 [国]《景色がよいか資源に富む所》
このような日本語訳の、どれを当てるのだろうか。

②「百聞は一触にしかず」
「百聞は一見にしかず」の変形（？）

6 / 25, ’18

①「キグルミ（？）がくれた俳優人生」
②「水族館プロデユーサー (producer ?)」
　「水族館 + “producer”」とはできない
なぜなら、“producer” の日本語訳は、名詞で
　(劇や映画などの）プロデューサー、製作者
　生産者
水族館で、どのような仕事を担当するのだろうか。

7 / 9, ’18

①「歌う生物学」→ 説明が必要では（？）
②「お化け屋敷プロデューサー (producer ?)」

「お化け屋敷＋“producer”」とはできない
お化け屋敷で
どのような仕事を担当するのだろうか。
7 / 23, ’18

①「和菓子のルート (root ?) を探る」
“root” の日本語訳は、名詞で「根源、根本、基礎」。
このような日本語訳の、どれを当てるのだろうか。
8 / 13, ’18

①演奏曲名 —「オモイ」
「重い」、「思い」のどちらだろうか（？）
8 / 27, ’18

①「一緒に暮らそう — グループ・リビングの薦め」
(group living ?)
“group living” の日本語訳は、「集団生活」だろうか。
9 / 10, ’18

①「日本病院機構東京病院総合内科医長の話」
まさに、聴取者軽視の日本語の典型。
②「ワイン会社代表取締役」
「ワイン会社」というのは
「ワイン醸造所」、あるいは「ワイン販売会社」のどちら
だろうか（？）
③「センショクカ」→「染色家」（？）
9 / 24, ’18

①「ザ (the ?) 話し家」
→ 英語の定冠詞をつけたのはなぜだろうか。

10 / 15, '18

①「解剖学から学ぶ動物の不思議」(?)

②ピアノ演奏曲名 —「ヒアー・カムズ・ザ・サン」

(Here comes the sun or son. ?)

11 / 12, '18

①誕生日の花「ヤクシソウ」は

「コウハイ(?)」に似ている。

②「クラフト・ビールを文化に」(?)

生ビールの英語は "craft beer" ではなく "draft beer"

11 / 26, '18

①東ちづるさんは

「財団法人ゲット・イン・タッチ (get in touch ?) 理事長」

この "get in touch" というのは、英熟語

get in touch with ... →…… に連絡する

と、何らかの関連があるのだろうか。

12 / 24, '18

①誕生日の花「シャコバサボテン(工藤氏は「シャコサボテン」と発音した)」で止めておけばいいものを、英語 "Christmas cactus" を、ひどいカタカナ発音でつけ加えた。

②サックス演奏曲名 —「カム・モーニング」(?)

英語としては不自然。もし「カーム・モーニング」なら

"calm morning" となり、日本語訳は「穏やかな朝」となる。英語学習期間が6年間に及んでも、"come" と

“calm” の区別がつかないらしい。

　　“come” は自動詞で、日本語訳は「来る」

　　“calm” は形容詞で、日本語訳は「穏やかな」

品詞が異なれば働きが異なり、位置も当然異なってくる。このようなことも理解できていないことを、放送受信料支払者に対してさらけだす。工藤氏はまさに

「恥を捨てれば生きられる」

NHK 番組担当者の先導者。

そして

「日本デタラメ英語教育行政の象徴」

だろう。

1 / 14, ’19

①話し家の話 —「話し家でよかった」（？）

②サックス演奏曲名 —「リメンバー (remember ?)」

③演奏曲名 —「ウェザー・リポート (weather report ?)」

1 / 28, ’19

①ピアノ演奏曲名 —「琥珀色の記憶」（？）

②演奏曲名 —「シェイプ・オブ・マイ・ハート」

(shape of my heart ?)

2 / 11, ’19

①「ランナーの命を守る

ランニング・ドクター (running doctor ?)」

“running doctor” の日本語訳は、「走っている医師」では。

②女優の話 —「今年もイキ（粋？）に艶やかに」

2 / 25, '19

①山本寛斎さんは

「デザイナー・プロデューサー (designer producer ?)」

"designer" の日本語訳は、名詞で、ここでは

意匠家、図案家、服飾デザイナー

だろうか。"producer" の日本語訳は、名詞で、ここでは「製作者」だろうか。筆者には意味が理解できない。

②「ストリート・ファッション (street fashion ?)

から日本が見える」

"street" の日本語訳は、名詞で「通り、街路」。

"fashion" の日本語訳は、名詞で「流行、流行しているもの」。筆者には意味が理解できない。

③演奏曲名 —「人ひらり」(？)

3 / 25, '19

①「未来学者で経営戦略コンサルタント (consultant ?)」

"consultant" の日本語訳は、名詞で「顧問」。

②バイオリン演奏曲名

—「ひどいカタカナ発音でフラワー (flower ?)」

徳田章氏

4 / 30, '18

①ギター演奏曲名 ―「ホーム (home ?)」

5 / 7, '18

①「世界のホーム・ミュージック (home music ?)」

手元の英和中辞典には、"home music" の記載がないので、説明が必要。

5 / 21, '18

①「なつかしの
　オールド・デイズ・ヒット (old days' hit ?)」

と、言ったのだろうか。

6 / 18, '18

①「ショカ」→ 書家（？）

②ヴァイオリン演奏曲名
―「ブライト・フューチャー (bright future ?)」

7 / 2, '18

①「前半と後半に分かれて（分けて？）放送します」。

②「シュワ・ツウヤクシ」→ 手話通訳士（？）

7 / 30, '18

①誕生日の花は「ハマボウ」で、「落葉・低木」と言ったのだろうか（？）

8 / 6, '18

①「鉄瓶に熱い思いを注いで」
「鉄瓶に熱い思い出を注いで」

の、どちらを言ったのだろうか（？）

②演奏曲名

—「インナー・ファッション (inner fashion ?)」

8 / 20, '18

①「少年宝田明は歌えた」（？）

「歌うことができた」で、随分聞きやすくなる。

9 / 3 , '18

①「スタンダード・ソング (standard song ?) の楽しみ」

"standard" の日本語訳は、形容詞で

標準の、標準的な、普通の、並みの

どのような「歌」を、意味するのだろうか。

②タケカワ・ユキヒデさんの「私のホット (hot ?) 話」

"hot" の日本語訳は、形容詞で「新しい、出たばかりの」から推測すると、「私に関する新しい話」という意味だろうか。

③ピアノ演奏曲名

—「タッチ・ザ・スカイ（touch the sky ?)」

9 / 17, '18

①「女性シンガー (singer ?)」

下線部は、ひどいカタカナ発音だった。

10 / 1, '18

①ピアノ演奏曲名 —「アラベスク」（？）

10 / 22, '18

①「オナゴ（女子？）が伝える刀の魅力」

筆者はこのような言葉を、長く聞いたことがなかった

ので、ちょっと驚きました。

②ピアノ演奏曲名 ―「アイム・ノット・イン・ラブ」
(I'm not in love. ?)

11 / 5, '18

①「エンディング・テーマ (ending theme ?) が
聞こえてきました」

"theme" の日本語訳は、名詞で「主旋律」。発音は「テーマ」ではなく [θíːm]。

11 / 19, '18

①「幸せを追いかけ世界の海へ」(？)

②演奏曲名 ―「シャイニング・アイ (shining eye ?)」

③演奏曲名 ―「ラビリンス (labyrinth ?)

12 / 3, '18

①キーボード演奏曲名 ―「フロンティア (frontier ?)」

12 / 17, '18

①チェロ演奏曲名 ―「エターニティ (eternity ?)」

12 / 31, '18

①誕生日の花「アオキ」の花言葉は、「若く美しく」。

日本語の「花言葉」は、「ハノコトバ」ではなく
「ハナコトバ」と発音する。

②ギター演奏曲名 ―「ウイングズ (wings ?)」

1 / 7, '19

①「受動喫煙のない社会へ」

日本語の「受動」は、「ジドウ」ではなく、「ジュドウ」と発音する。

②ギター演奏曲名

—「サムワン・ライク・ユー (someone like you ?)」

“like” は前置詞だろうか。動詞なら

Someone likes you.（あなたが好きな人がいる）

となる。

③演奏曲名

—「マーチング・シーズン (marching season ?)」

1 / 21, ’19

①「ステッキ (stick ?) な杖で歩きませんか」

杖を意味する英単語 “stick” を用いて、シャレたのだろうか。

2 / 4, ’19

①マリオネット演奏曲名

—「銀色オリエント (Orient ?)」

②ハープ演奏曲名

—「スマイル・ウィズ・ユー (smile with you ?)」

2 / 18, ’19

①ギター演奏曲名

—「チェーン・リアクション (chain reaction ?)」

3 / 4, ’19

①「心に響く医を求めて」（？）

②「ケイチョウ（傾聴？）・移動喫茶

・マスター (master ?)」と、言ったのだろうか。

③チェロ演奏曲名

—「ウォーキング・イン・ジ・エア」

(walking in the air ?)

3 / 18, '19

①ピアノ演奏曲名

―「プレシャス・デイズ (precious days ?)」

4 / 1, '19

①「モッコウカ」→「木工家」(？)

4 / 8, '19

①「親父ベンチャー (venture) で再び挑む」

親父ベンチャーで / 再び / 挑む。

親父 / ベンチャーで / 再び / 挑む。

区切り方はどちらだろうか（？）

②ハープ演奏曲名 ―「ユートピア (Utopia ?)」

③演奏曲名

―「アイム・オール・アローン (I'm all alone. ?)」

4 / 30, '19（火曜日、なぜか石澤典夫氏と共に）

①演奏曲名

―「スプリング・ノクターン (spring nocturne ?)」

5 / 6, '19

①演出家宮本亜門さんの話

―「美術品修復の魅力を次世代へ」と

言ったのだろうか（？）

②「新しい 1 週間をスタートさせて下さい」

「新しい 1 週間を始めて下さい」と、なぜ言えないのだろうか（？）

③ピアノ演奏曲名 ―「風景」(？)

5 / 20, '19

①トロンボーン演奏曲名 —「揺らぎ」（？）

②ヴァイオリン演奏曲名

—「シャイニング・アイ (shining eye ?)」

6 / 3, '19

①ギター演奏曲名

—「ダンシング・イン・ザ・パーク」

(dancing in the park ?)

②ピアノ演奏曲名

—「フライング・バード (flying bird ?)」

6 / 17, '19

①誕生日の花「タイサンボク」の英語は

"magnolia"(?)

②「被災者と未来の物語を紡ぐ」（？）

7 / 1, '19

①ヴァイオリン演奏曲名 —「スマイル (smile ?)」

②演奏曲名 —「素晴らしかった日々」（？）

7 / 8, '19

①誕生日の花「グラジオラス」の英語は "sword lily"(?)

で、花言葉は「ケンゴ」（？）

②「漫画家でアニメーション・ディレクター

(animation director ?)」

「アニメーション映画製作の監督」、という意味だろうか。

③フルート演奏曲名 —「ハート・ランド (heart land ?)」

④ピアノ演奏曲名 —「会えてよかった」(？)

7 / 22, '19

①演奏曲名 —「メニュイット」(？)

8 / 5, '19

①ギター演奏曲名

—「アコースティック・トラベラー

(acoustic traveler ?)」

8 / 19, '19

①動物行動学者の話

—「知られざる動物研究の最前線」

下線部を正しく発音できましたか。

②「恋・愛の名曲セレクション」

「恋と愛」の方が、聞きとりやすい。

③ピアノ演奏曲名 —「キャラバン・サライ」(？)

④演奏曲名 —「ザ・シーズン・ハズ・ゴーン」

(The season has gone. ?)

9 / 2, '19

①「ヴェトナム難民の私が日本で見つけた人生」

と、言ったのだろうか（？）

②ピアノ演奏曲名

—「パープル・ソリテュード (purple solitude ?)」

③演奏曲名 —「空を抱きしめて」(？)

9 / 16, '19

①ジャズピアニストの話

—「即興セッション (session ?) 旅日記」

“session” の日本語訳は、名詞で、ここでは「会合」という意味だろうか。筆者には意味が理解できない。

②オカリナ演奏曲名 ―「太陽と月に照らされて」（？）

③フルート演奏曲名

―「ロード・イン・ザ・グリーン (road in the green ?)」

9 / 30, ’19

①「ダウンサイジング(down sizing ?)で身軽に生きる」

“down sizing ” の日本語訳は

「小さく（あるいは少なく）作る」

だろうか。

②ピアノ演奏曲名 ―「暖かな時」（？）

③演奏曲名

―「ウェイク・ミ・アップ (Wake me up. ?)」

10 / 7 , ’19

①エアーレース・パイロット (air race pilot ?) の話

―「自分を制し世界に勝つ」

“air race” の説明が必要では。

②演奏曲名 ―「バード・ソング (bird song ?)」

③演奏曲名 ―「ロースト・イン・ラブ (lost in love ?)」

10 / 21, ’19

①誕生日の花「オヤマリンドウ」は

亜高山帯から高山帯に生息する。

下線部はゆっくりめに発音しなければ、聞き逃す。

②ほら師の話 ―「ほら貝について」

下線部は、話す時、工夫が必要。

③ピアノ演奏曲名 ―「心をこめて花束を」（？）

11 / 4, '19

①フルート演奏曲名

―「グッド・タイムズ・イン・ライフ」

(good times in life ?)

②ピアノ演奏曲名 ―「エアリー (airy ?)」

11 / 18, '19

①「芸者・置屋・女将の話」

「置屋」というのは

芸者、娼妓をかかえておく家。

この説明が必要。

②演奏曲名 ―「見つめていたい」（？）

＊「深夜便アーカイブズ（archives)」の下線部の発音ができず、繰り返したことに、筆者は驚きました。おそらく、どのような英単語をカタカナ発音しているという、意識もないのだろう。

12 / 2, '19

①ピアノ演奏曲名

―「朝靄（もや）のプレリュード (prelude ?)」

②演奏曲名 ―「いつか二人で」（？）

12 / 16, '19

①アマチュア写真家の話

―「地鶏おばあちゃん今日も行く」（？）

下線部は少し工夫をしないと、理解しにくい。

12 / 30, '19

①演奏曲名 ―「優雅なワルツ (waltz ?)」

②演奏曲名

―「モア・ザン・ユー・ノウ (more than you know ?)」

1 / 6, '20

①誕生日の花「カンアオイ」の色は

「緑褐色」や「暗紫色」(?)

②「病室に笑顔を

― ホスピタル・クラウン (hospital clown ?) 25年」

入院患者を元気づけるために、病院を訪問するのは、道化師の "clown"。トヨタ社が生産する高級乗用車は、「冠」を意味する "crown"。カタカナ発音で、どのように区別するのだろうか。

③キーボード演奏曲名

―「デス・タイム・ツモロウ (this time tomorrow ?)」

④演奏曲名 ―「道」(?)

1 / 20, '20

①誕生日の花「ストック」は、英語の "stalk" からきているらしいが、"stalk" の発音は「ストック」ではなく [stɔ́:k]。

②「尺八の音は<u>衣擦れの音</u>」あるいは

「尺八の音は<u>絹擦れの音</u>」の、どちらを言ったのだろうか (?)

③サックス演奏曲名

―「ア・ニュー・デイ (a new day ?)」

④演奏曲名 ―「ウォーキング・ツ・フリーダム

(walking to freedom ?)」

2 / 3, '20

①誕生日の花「ナズナ」の起源は

「なでるように、めでる」（？）

「めでる」というのは

美しいものを見て、一時他のことを忘れて楽しむ。

この説明が必要。

②ヴァイオリン演奏曲名 —「アイ・ウィル (I will. ?)」

2 / 17, '20

①オーダーメイド (order-made ?) 紳士服店主の話

—「テーラー (tailor ?) 一筋 73 年」

②ノンフィクション作家の話

—「パワー・スポット (power spot ?) と日本人」

"power" と "spot" の、名詞としての日本語訳から判断すると

「権力や権限のある所」あるいは「政権の汚点」

となるのだろうか。

③歌 —「いつかきっと」（？）

④ピアノ演奏曲名 —「ニュー・フレンド (new friend ?)」

⑤ピアノ演奏曲名 —「ニュー・スタンダード・パレス」

(new standard palace ?)

3 / 2, '20

①ギター演奏曲名

—「今も思いは変わらぬままに」（？）

②ヴァイオリン演奏曲名

―「あなたが私を捜す時」（？）

3 / 16, '20

①「自然の恐れや祈りを撮って」

と、言ったのだろうか（？）

②「国際災害レスキュー・ナース (rescue nurse ?)」

"rescue" の日本語訳は、名詞で「救出、救援、救済」。

「国境を越えて災害時に駆けつける看護士」

という意味だろうか。

③ピアノ演奏曲名 ―「愛を送れば（あるいは贈れば）」

のどちらだろうか（？）

3 / 30, '20

①演奏曲名 ―「ボヤージ (voyage ?)」

中･高校と 6 年間英語を学習し、英単語 "voyage"（日本語訳「航海」）を、「ボヤージ」というカタカナ発音で、伝えることができると思っているのだろうか。甚だしい「英語発音鈍感者」。英単語 "voyage" は、[vɔ́iidʒ] あるいは [vɔ́idʒ] と発音する。

＊担当した番組の終了時に繰り返す

「それでは失礼します。御免下さい」

から判断すると、徳田氏は

NHK 男性番組担当者の「御免下さい病患者」では（？）

山下信氏（2019年4月より）

4 / 15, ’19

①「伝統のクルマ（車？）人形を守る」

②ビブラフォン演奏曲名 ―「マイ・ウィル(my will ?)」

4 / 22, ’19

①誕生日の花「ヤマツツジ」は

　　最もポピュラー(popular ?) なツツジです。

“popular” の日本語訳は、形容詞で

　　　人気のある、評判のよい、流行した

このような日本語訳の、どれを当てるのだろうか。

②チェロ演奏曲名

　―「オフ・セット・オブ・ラブ(offset of love ?)」

“offset” は、「埋め合わせる、償う、相殺する」を意味する他動詞だから、このような形にはならない。

5 / 13, ’19

①「身体障害者のパフォーマー(performer ?) を

率いて36年」

“performer” の日本語訳は、名詞で「演技者、演奏者」。ここでは、どちらの意味だろうか。

②「ヨウホウカ」→「養蜂家」（？）

③オカリナ演奏曲名 ―「森のトロイ」（？）

5 / 27, ’19

①「ギシソウグシ」→ 義肢装具士（？）

②ガーデン・オーナー(garden owner ?) の話

―「花も笑顔も咲かせます」

“garden” の日本語訳は、名詞で「庭園、庭、菜園」。

“owner” の日本語訳は、名詞で「持ち主、所有者」。

このような日本語訳を、どのように組み合わせるのだろうか。

6 / 10, '19

①演奏曲名 ―「緑の樹海（ジュカイ）」（？）

②ピアノ演奏曲名

―「サークル・オブ・ライフ (circle of life ?)」

6 / 24, '19

①ピアノ演奏曲名 ―「光る朝」（？）

7 / 15, '19

①誕生日の花「ネムの木」の花言葉は「歓喜」（？）

②「俳優でコメディアン (comedian ?) の

小松政夫さんの話」

“comedian” の日本語訳は「喜劇俳優」。そうすると、「俳優」を繰り返すことになるのでは。

③「書家・評論家の話」（？）

「書家」と「評論家」の間に一呼吸入れないと、聞きづらい。

④ヴァイオリン演奏曲名 ―「空」（？）

⑤演奏曲名 ―「あなたのそばで」（？）

7 / 29, '19

①ピアノ演奏曲名

―「ピース・フォア・パストリアス」（？）

②ヴァイオリン演奏曲名

—「スロー・ダンシング (slow dancing ?)」

8 / 12, '19

①番組終了の午前５時が近づき

「一日のスタートを切る大切な時間を迎えています」

「一日が始まる」と、なぜ言えないのだろうか。

②アコーディオン演奏曲名 —「エスタテ」（？）

③サックス演奏曲名 —「ある日」（？）

8 / 26, '19

①「今日の（が？）誕生日の皆さん

おめでとうございます」

②安藤かづさんの話で「介護うつから抜け出して」

下線部は、話し方に工夫が必要。

③フルート演奏曲名 —「愛の眼差し」（？）

④ピアノ演奏曲名 —「緑の風の愛」（？）

9 / 9, '19

①誕生日の花「ハナシュクシャ」の英語は

"butterfly lily"（？）

②フルート演奏曲名

—「ヒューマン・レボルーション (human revolution ?)」

③シンセサイザー演奏曲名

—「ツルー・ネイチャー (true nature ?)」

9 / 23, '19

①「アート (art ?) で問い続ける命」

"art" の日本語訳は、名詞で

芸術、美術／ 技術、技芸／人工、技巧

このような日本語訳の、どれを当てるのだろうか。

②カリオカ演奏曲名 ―「子供のころ」（？）

③演奏曲名 ―「視界の空」（？）

10 / 14, '19

①空先案内人の話 ―「星と人をつなぐ」

「水先案内」の意味が

船が港などに出入りする時

水路を案内すること。

となっているので、これから想像するのだろうか。

②聴取者からの便りで

「以前担当した山田邦子さんとの番組では

あの時のテンポ（tempo ?）の速い

テンション（tension ?）の高い調子……」

"tempo" の日本語訳は、名詞で「速度、調子」。

"tension" の日本語訳は、名詞で「緊張」。

筆者には意味が理解できない。

③アスリート誕生物語

―「自分の人生だから、やり切って欲しい」（？）

④ピアノ演奏曲名 ―「ユー・ゴー・ユア・ウェイ」

(You go your way. ?)

10 / 28, '19

①誕生日の花「センブリ」は

「乱獲と環境の変化で少なくなっていますが

守りたい山野草のひとつです」

下線部は、話す時少し工夫が必要。

②造形作家の話 ―「カタチ（形？）

にはまらず自由な発想で」

③ピアノ演奏曲名 ―「虹がかかる日」（？）

④演奏曲名 ―「散歩道」（？）

11 / 11, '19

①「七宝焼きアーティスト (artist ?) の話」

「七宝焼きアーティスト」というのは、「七宝焼き師」のことだろうか。

②戦争と平和インタービュー

―「次の世代に種を蒔く被災者」（？）

「戦争と平和 + "interview"」は可能（？）

③ピアノ演奏曲名 ―「忘れないために」（？）

④演奏曲名 ―「エンゼル・フライト (angel flight ?)」

11 / 25, '19

①「人生の道標―影と光りのファンタジー(fantasy ?)」

"fantasy" の日本語訳は、名詞で

空想、幻想、気まぐれ

このような日本語訳の、どれを当てるのだろうか。

②「イルーミネーション (illumination ?) の点灯が

始まっている所があります」

"illumination" の日本語訳は、名詞で、ここでは「照明」だろうか。

③演奏曲名 ―「ジャスト・オールド・フレンド」

(just old friend ?)

12 / 9, '19

①ギター演奏曲名 ―「メロディーズ・オブ・ラブ」
(melodies of love ?)

②サックス演奏曲名
―「イン・ザ・ネーム・オブ・ラブ」
(in the name of love ?)

12 / 23, '19

①癌になった緩和ケア医の話 ―「患者風を吹かせて」
筆者は、このような日本語には、ついていけない。

②演奏曲名 ―「輝く日を仰ぐ時」（？）

③演奏曲名 ―「鴇色（トキイロ）の夢」（？）

1 / 13, '20

①番組の終わりに言った
「一日のスタートを切る
大切な時間を迎えています」（？）

時刻は、「始めであれ、途中であれ、最後であれ」、大切さは全て同じでは。

②ギター演奏曲名 ―「ブレスト・ラブ(breast love ?)」

③ピアノ演奏曲名 ―「フェアリー (fairy ?)」

1 / 27, '20

①ギター演奏曲名 ―「サラ・ソング」（？）

②ヴァイオリン演奏曲名 ―「ガーネット (garnet ?)」

2 / 10, '20

①ピアノ演奏曲名 ―「ユア・ワーズ (your words ?)」

②演奏曲名 ―「夢の城」（？）

2 / 24, '20

①誕生日の花「オウレン」

のコンケイ（根茎？）は、鮮やかな黄色。

②世田谷一家殺人事件被害者遺族の話

―「怒りより悲しみの一家への共感を」

これほど長くなると、どこかかで小休止が必要。

③フルート演奏曲名 ―「白い道」(？)

④ヴァイオリン演奏曲名 ―「大地の歌」(？)

3 / 9, '20

①誕生日の花「シバザクラ」の英語は "moss flocks"(?)

②「アリ（蟻？）から学ぶ人間社会」

③ハープ演奏曲名 ―「サークル・ザ・サン」

(Circle the sun or son. ?)

3 / 23, '20

①プラネタリウム (planetarium ?) 解説コンサルタント

(consultant ?) の話 ―「昨日の自分より一歩先に」

「プラネタリウム解説コンサルタント」とは、どのような仕事なのか、筆者には見当がつかない。

②ピアノ演奏曲名 ―「夢へのいざない」(？)

＊「誕生日の花と花言葉を、ご紹介して参ります」

「〜をお届けして、参ります」

「今夜の『ラジオ深夜便』のプログラムを

簡単にご紹介して参りましょう」

から判断すると、山下氏は

NHK男性番組担当者の「参ります病患者」では（？）

＊時々月曜日担当の遠藤ふき子氏

4 / 29, '19

①「スペシャル対談」（？）

日本語の「対談」は、「テイダン」ではなく、「タイダン」と発音する。

②「大型連休中、どうぞ楽しく

無事にお過ごし下さい」

↓

「事故に会わないように」

という意味だろうか。

③サックス演奏曲名

―「オンリー・タイム (only time ?)

隔週で火曜日担当

大沼ひろみ氏（2019 年 6 月まで）

4 / 3, '18

①「女性シンガー (singer ?) の作品」

下線部の発音は [S] 音であり、[ʃ] 音ではない。発音ができなければ、「女性歌手」と言うしかなかろう。

＊次の日（4 / 4, 木曜日）の番組担当者の名前が、全く聞きとれなかった。

4 / 17, '18

①カルフォルニア・ポピーが沢山植えられている場所の紹介で、「ポピー・ハッピー・スクウェア」

(poppy happy square ?)

と、言ったのだろうか。

5 / 8, '18

①「青い五月のセレナーデ（何語？）」

6 / 5, '18

①誕生日の花「ハマナス」の

花言葉が聞きとれなかった。

②「華道家・かりやざき・しょうご（假屋崎省吾？）」

「華道家」と「假屋崎」の間に小休止が必要では。

③インドネシア語のさようならは

「スラマティンガー」（？）

7 / 3, '18

①誕生日の花は「アガパンサス？」

と、言ったのだろうか（?）

②ロシア語のさようならは「パカパカ」（?）

7 / 17, '18

①旋盤工の話 ―「鉄を削り見えた喜び」

と、言ったのだろうか（?）

②「脳性麻痺のヴァイオリニスト (violinist ?) を育てて」

③「夏のフュージョン・サウンド (fusion sound ?)」

手元の英和中辞典には、"fusion sound" の記載がないので、説明が必要。

8 / 7, '18

①誕生日の花「カノコユリ」は聞きとれたが、「花言葉」は理解できなかった。

②演奏曲名

―「リトル・サンフラワー (little sunflower ?)」

9 / 4, '18

①ピアノ演奏曲名 ―「すなわちみのり」（?）

9 / 18, '18

①「ファーブル昆虫館館長の話」

下線部は、話し方に工夫が必要では（?）

10 / 16, '18

①誕生日の花「ヒヨドリバナ」

の花言葉は、理解できなかった。

②満州からの引き揚げ者の話

―「僕は母と妹を手にかけた」

「手にかける」というのは、「殺す」という意味だろうか（?）

11 / 6, '18

①「命にムカウ（向き合う？）宗教指導者の会」

11 / 20, '18

①誕生日の花「イワレンゲ」は

真ん中のところがニョキニョキと伸びてくる。

標準語（?）

12 / 4, '18

①フィリピン語の「じゃあね」は、「バーバイ」（?）

②演奏曲名 ―「ギブ・ミー・ユア・ラブ」

(Give me your love.?)

12 / 18, '18

①「試練を乗り越えて奏でるギター」

と、言ったのだろうか（?）

②フィンランド語の別れの言葉は「ヘイヘイ」で

1回言うと→こんにちは

2回言うと→さようなら

になる（そうすると、「こんにちは」を意味する時は、「ヘイヘイ」を、繰り返して言うことはできない?）。

1 / 8, '19

①「誕生日の花デンドロビュームを、切り花で買ったんですが、まだ咲いてくれています」

標準語（?）

②ヴァイオリン演奏曲名―「メモリーズ(memories ?)」

1 / 22, '19

①「ボンサイサッカ」→「盆栽作家」（？）

②ピアノ演奏曲名 ―「時の指輪」（？）

2 / 19, '19

①ハープ演奏曲名

―「ナチュラル・ワールド (natural world ?)」

3 / 19, '19

①「ぶれない心を育む」（？）

「ぶれる」というのは「振れるの変化」で

写真を写す時にカメラが動く。

となっている。筆者には意味が理解できない。

4 / 9, '19

①「口腔体操アンド（and ?）ゆっくりストレッチ

(stretch ?)」

「口腔体操とゆっくり全身伸ばし」

のことだろうか（？）

②「ワイン (wine ?) 醸造家」

③演奏曲名 ―「南風」（？）

4 / 23, '19

①誕生日の花「オダマキ」の説明は

「まとまりのない、全くひどいものだった」。

②「指の体操アンド (and ?) お達者体操」（？）

「指の体操とお達者体操」と、なぜ言えないのだろうか。

③独語の学習経験があるらしいが、独語の「さようなら」“Tschüs” は、「シュース」というカタカナ発音では、その意味を伝えることはできない。

④ピアノ演奏曲名 ―「春の野を行く」(?)

話す時、下線部は工夫が必要。

5 / 14, '19

①「沖縄ポップス島唄（?）特集」

②「キャバクラ（?）は社会を映す鏡」

③ピアノ演奏曲名 ―「香のかけら」(?)

＊サックス演奏曲名は、聞きとれなかった。

5 / 28, '19

①「発達障害のピアニスト」(?)

「発達障害者でピアニスト」のことだろうか。

②演奏曲名 ―「ブリリアント・デイ (brilliant day ?)」

③独語の「さようなら」"Auf Wiedersehen" を、どのようなカタカナ発音で、意味を伝えることができるのだろうか。

6 / 11, '19

①ヴァイオリン演奏曲名

―「マイ・ホーム・タウン (my home town ?)」

②マレーシヤ語の「さようなら」は、「スラマティンガー」、あるいは「スラマジャロン」(?)

6 /25, '19

①「コガッキ（古楽器?）の音色に魅せられて」

②「ソース・メーカー (sauce maker ?) 社長の話」

③演奏曲名 ―「思い出の風景」(?)

④演奏曲名 ―「夜明けの草原」(?)

＊「羽田健太郎のピアノで 〜 」(9 / 18, '18)のように、女性の『ラジオ深夜便』担当者で、日本人演奏者を「呼びすて」にするのは、大沼氏ただ一人。従って

「日本最も傲慢な女性放送番組担当者」では（？）

柴田祐規子氏（2019 年 3 月まで）

4 / 10, ’18

①「フォート・ジャーナリスト (photo journalist ?)」

“photo” の日本語訳は、名詞で「写真」。

“journalist” の日本語訳は、名詞で「新聞・雑誌記者 (業者)」。

そうすると、「写真を専門にする新聞・雑誌記者」という意味だろうか。

4 / 24, ’18

①「明日への言葉」が、きちんと発音できましたか。

6 / 12, ’18

①「落語の格闘家」（？）

6 / 26, ’18

①「ブライダル (bridal ?) 衣装と私の 50 年」

「花嫁衣装」と言った方が、聴取者には聞きとりやすい。

②「日本舞踊家」（？）

7 / 10, ’18

①「看護の原点を探る」（？）

8 / 14, ’18

①「後半」と「後編」の発音が曖昧。

9 / 11, ’18

①「手紙文化研究家」（？）

筆者は、「手紙というのは個人的なもの」と考えるが、このようなものを纏めて、「文化」という形にするというのだろうか。

②「フィギャー・メーカー (figure maker ?) の創業者」

“figure” の日本語訳は、名詞で、ここでは

(彫刻・絵画などの) 人物像、彫像、肖像

だろうか。

9 / 25, ’18

①「栃木自然塾塾長」と、言ったのだろうか（？）

②演奏曲名 —「ノスタルジア (nostalgia ?)」

10 / 9, ’18

①「睡眠改善インストラクター (instructor ?)」

「睡眠改善 +“instructor”」は可能（？）

“instructor” の日本語訳は、名詞で

教授者、教師、指導者

このような日本語訳を、「睡眠改善」と、どのように組み合わせるのだろうか。

②「作家でミュージシャン (musician ?)」

“musician” の日本語訳は、名詞で「音楽家」。

さらに → 作曲家、指揮者、演奏家、歌手など

このような日本語訳の、どれを指すのだろうか。

③演奏曲名 —「シンザン・シュウレイ（新参秀麗？）」

④演奏曲名 —「実りのテーマ」

10 / 23, ’18

①「農園家で環境アドバイザー (adviser ?)」

「環境 +“adviser”」は可能（？）

“adviser” の日本語訳は、名詞で

助言者、顧問、相談役
環境に関する、どのような仕事を担当するだろうか。
②演奏曲名 —「ピュア・ステップ (pure step ?)」

11 / 13, '18

①「今日の誕生日の花と花言葉を
ご紹介して参ります」
「それでは、今夜の『ラジオ深夜便』の
ご案内をして参りましょう」(8 / 14, '18)
合わせて
NHK 女性番組担当者の「参ります病患者」では（？）
②「ゲストハウス (guest house ?) のご主人」
"guest house" というのは、ここでは「民宿、小ホテル」という意味だろうか。

11 / 27 '18

①演奏曲名 —「ストーリー・オブ・マイ・ライフ」
(story of my life ?)

12 / 11, '18

①ギター演奏曲名 —「アジアの朝」（？）

12 / 25, '18

①「ラブ・バラード (love ballad ?) の名曲」
②ピアノ演奏曲名
—「ノスタルジック (nostalgic ?) なワルツ (waltz ?)」

1 / 15, '19

①サックス演奏曲名
—「トライ・ア・リトル・テンダー」

(Try a little tender. ?)

②ピアノ演奏曲名 —「ダニエル（人名の Daniel ?)」

1 / 29, '19

①誕生日の花「ハナアマナス」(？)

下線部をはっきり伝えるためには

「まみむめものま」と、言う必要がある。

2 / 12, '19

①フルート演奏曲名 —「風の結晶」(？)

2 / 26, '19

①ピアノ演奏曲名 —「トラバース (traverse ?)」

3 / 12, '19

①演奏曲名

—「モーニング・グレイス (morning grace ?)」

3 / 26, '19

①演奏曲名「アナザー・デイ・オブ・サン」

「サン」は「太陽」を意味する時は、以下の例文のように、「定冠詞」が必要。

The sun rises in the east.（太陽は東から昇る）

「息子」を意味する時は、以下の例文のように、「形容詞」が必要。

This is my youngest son.

（これは私の一番末の息子です）

＊柴田氏の話し方は

"announce" →「知らせる、発表する、公表する」

からはほど遠い

“chatter” → べちゃくちゃ喋る

であり

「放送番組担当者にはほど遠い日本語を話している」

松井治伸氏（2019年4月より）

4 / 2, '19

①「お別れの時間が近づいて参りました。時刻は間もなく、５時になります」

「時間」と「時刻」の区別がつかないのでは（？）

4 / 16, '19

①スポーツ・明日への言葉 ―「黄金の脚力が競う」と、言ったのだろうか（？）

②「虫めぐるムッシュ（仏語の "monsieur" ?)」

仏単語 "monsieur" は「男の人に対する敬称」

5 / 7, '19

①演奏曲名 ―「ライフ (life ?)」

6 / 4, '19

①演奏曲名 ―「コラル・リーフ (coral leaf ?)」

6 / 18, '19

①「日本バスケットボール協会技術委員長の話」

日本語の「技術」は、「ギジツ」ではなく「ギジュツ」と発音する。

②ピアノ演奏曲名 ―「青の夜明け」（？）

③ヴァイオリン演奏曲名 ―「安らぎに寄せて」（？）

7 / 16, '19

①「日本陸上連盟強化デレクター (director ?) の話」

ここの "director" の日本語訳は、名詞で「指導者」だろうか。

②フルート演奏曲名

―「モーニング・アイランド (morning island ?)」

③演奏曲名

―「ブルー・スカイ・ブルー (blue sky blue ?)」

8 / 20, '19

①モントリオール女子バレーボール

銀メダリストの話 ―「可能性にアタック (attack ?)」

"attack" の日本語訳は、名詞で「攻撃、襲撃」。筆者には意味が理解できない。

②ピアノ演奏曲名 ―「ひまわりの谷」(?)

③演奏曲名

―「スプラッシュ・オーシャン (splash ocean ?)」

9 / 3, '19

①ギター演奏曲名 ―「パール (pearl ?)」

②ピアノ演奏曲名 ―「タイム・ロード (time road ?)」

9 / 17, '19

①「ママさんプロゴルファー (professional golfer ?) のパイオニア (pioneer ?)」

"pioneer" の日本語訳は、名詞で「先駆者、創始者、草分け」。そうすると

「ママさんプロゴルファーの先駆者」

という意味だろうか。

②演奏曲名 ―「フレンズ (friends ?)」

10 / 8 , '19

①演奏曲名 ―「デイ・オブ・ホープ (day of hope ?)」

②演奏曲名 ―「レフト・アローン (left alone ?)」

10 / 22, '19

①誕生日の花「アキチョウジ」の花言葉は

「秘めやかな思い」と、言ったのだろうか（？）

②ギター演奏曲名 ―「ビリーフ (belief ?)」

③演奏曲名

―「ミスティー・ダイアローグ (misty dialogue ?)」

11 / 5, '19

①墨絵画家の話 ―「墨絵の空間に魅せられて」

と、言ったのだろうか（？）

②チェロ演奏曲名

―「クロース・ツ・ザ・ミュージック」

(close to the music ?)

③演奏曲名 ―「風の国」（？）

11 / 19, '19

①順天堂大学女性スポーツセンター長の話

―「女性スポーツの未来を開く」

どこかで小休止を入れないと、聴取者は追いつけない。

②「言葉の料理人として、詩を世に届ける」（？）

このような表現の場合、ゆっくりめの話し方が必要。

③「お茶の瞑想精神科医の話」（？）

④演奏曲名 ―「風の大地」（？）

12 / 3, '19

①映画監督の話 ―「映画の原点にたち戻る」

「映画の原点に戻る」とは、異なるのだろうか（？）

②ピアノ演奏曲名 —「愛するガイヤ（？）— 私の町」
③演奏曲名 —「大きな川と小さなコイ」
「鯉」それとも「恋」の、どちらだろうか（？）

12 / 17, '19

①ギター演奏曲名 —「サンクス・マイ・ディア」
(Thanks, my dear. ?)
②演奏曲名 —「ハープ・エア (harp air ?)」

1 / 7, '20

①ギター演奏曲名
—「セレブレイション (celebration ?)」
②演奏曲名 —「宝石」（？）

1 / 21, '20

①誕生日の花「オンシジューム」の英語は
"dancing lady"(?)

2 / 4, '20

①「会食恐怖症」（？）
②「燃え続ける炎のタクト — 小林研一郎」（？）
③梓みちよさんの歌 —「２人でお酒を」（？）
④ピアノ演奏曲名 —「ドリーム・イン・ザ・ミラー」
(dream in the mirror ?)

2 / 18, '20

①ギター演奏曲名 —「時の色彩」（？）
②演奏曲名 —「ハッピー・アワーズ (happy hours ?)」

3 / 3, '20

①誕生日の花「モモ」の花言葉は「邪気を払う」（？）

②ギター演奏曲名 ―「上昇気流に乗って」（？）
③演奏曲名 ―「陽春の道」（？）

3 / 17, '20

①「ミスター・アマチュア野球
(Mr. amateur baseball ?) が語る 2020 年東京オリンピック」と、言ったのだろうか（？）
②キーボード演奏曲名 ―「フロム・ミー・ツー・ユー」
(from me to you ?)

＊日本人演奏家を「呼びすて」にする松井氏は
「日本最も傲慢な男性放送番組担当者」では（？）

中川緑氏（2019年7月より）

7 / 9, '19

①誕生日の花「ギボウシ（中川氏は「イボウシ」と発音した）」の花言葉は「沈静」（？）

②ギター演奏曲名 ―「遙かな思い」（？）

③サックス演奏曲名 ―「パラダイス (paradise ?)」

7 / 23, '19

①「今夜の『ラジオ深夜便』の担当は
須磨佳津江アナウンサーです」と言ったが
「須磨佳津江アンカー」では（？）

②「アンチ・ドーピング」
→ "anti-doping" のことだろうか。

③演奏曲名―「やさしい心」（？）

④フルート演奏曲名 ―「グッド・モーニング・～」
下線部は、何と言ったのだろうか（？）

8 / 13, '19

①写真家の話 ―「命のきらめきを撮る」
と、言ったのだろうか（？）

②ハープ演奏曲名 ―「花とプレゼントを買いに」（？）

8 / 27, '19

①「常識をくつがえす盆栽魔術師」（？）
筆者は「防災」と、誤解してしまった。

②落語家の話 ―「落語の笑いは世界共通」（？）

③「日本人演奏家・タンゴ (tango ?) 歌手」

9 / 10, '19

①自習相談室代表の話

―「寺子屋教室で学力差をなくせ」（？）

②演奏曲名 ―「夜明け」（？）

③演奏曲名 ―「ラバーズ」

"lovers"（恋人達）それとも"rubbers"（オーバーシューズ）の、どちらだろうか（？）

9 / 24, '19

①「食事介助のポイント」

下線部は、話し方の工夫が必要。

②ピアノ演奏曲名 ―「空は秋色」（？）

③演奏曲名 ―「再び」（？）

10 / 15, '19

①「どうぞ、素敵な一日をお過ごし下さい」

「素敵な一日」とは、どんな一日だろうか（？）

②睡眠インストラクターの話

―「世界の睡眠文化に学ぶ」

筆者は、「睡眠文化」という日本語を、初めて聞きました。

③「昭和モダン(modern ?)歌謡曲集」

「昭和歌謡曲集」とは、異なるのだろうか（？）

④平原綾香さんの歌 ―「星紬（つむぎ）の歌」（？）

10 / 29, '19

①山崎ナオコーラさんの話 ―「ブスって何ですか」

と、言ったのだろうか（？）

②演奏曲名

—「アイム・オール・アローン(I'm all alone. ?)」

③演奏曲名 —「アンフィニテイ」(?)

11 / 12, '19

①銭湯番頭の話 —「銭湯って素晴らしい」

筆者は「番頭」という言葉を、長年聞いたことがなかったので、ちょっと驚きました。現在は、「銭湯経営者」あるいは、「銭湯管理者」、と言わないのだろうか(?)

②「日本酒伝道師の話」

日本酒の宣伝活動を、全国的に行っているという意味だろうか(?)

③ビブラフォン演奏曲名 —「ハピネス(happiness ?)」

④演奏曲名 —「明日を見つめて」(?)

11 / 26, '19

①誕生日の花「サフラン」の花言葉は

「愛への誘い」(?)

②ハーブ研究所関係者の話

—「モアー・オーガニック(more organic ?)を提唱」

"organic"の日本語訳は、形容詞で、ここでは「化学肥料を用いない」という意味だろうか。

③ピアノ演奏曲名 —「風の住む町」(?)

④演奏曲名 —「スイセイ」

「水星」それとも「彗星」の、どちらだろうか(?)

12 / 10, '19

①「虐待の悲劇を許すな

― 無関心は地域のネグレクト (neglect ?)」

“neglect” の日本語訳は、名詞で

怠慢、ほったらかし、軽視、無視

日本語訳の方が、随分理解しやすい。

②演奏曲名 ―「あなたにいて欲しい」(?)

③演奏曲名

―「ストーリー・オブ・マイ・ライフ (story of my life ?)」

12 / 24, ’19

①誕生日の花「シャコバサボテン (中川氏は「シャコサボテン」と発音した)」の英語は

“Christmas cactus”(?)

②サイエンス・ジャーナリスト (science journalist ?) の話 ―「野菜の不思議に魅せられて」

“science” の日本語訳は、名詞で「科学、理科」。

“journalist” の日本語訳は、名詞で

新聞、雑誌記者 (業者)

そうすると、“science journalist” というのは

「科学部門を専門とする新聞、雑誌記者」

という意味だろうか。

③フルート演奏曲名 ―「サンライズ (sunrise ?)」

④演奏曲名

―「ユーラシアン (Eurasian ?)・ラプソリー (何語?)」

1 / 14, ’20

①誕生日の花「椿」の英語は “camellia Japonica”。

“camellia ” は、「カメリア」というカタカナ発音では

なく、[kəmí:lja] と発音しなければ、意味を伝えることはできない。

②ギター演奏曲名 ―「夜明け前」(？)

1 / 28, ’20

①「心に花を咲かせて ― 苔は語る」(？)

②「100 点満点で 1,000 点」(？)

③「ホット（hot ?）暖まる弁当」

日本語の「ほっと」と､英語の “hot” を合わせた「シャレ」だろうか。

④演奏曲名 ―「故郷に帰りて」(？)

2 / 11, ’20

①「孤立する妊婦と虐待死する赤ん坊を救いたい」

と、言ったのだろうか（？）

②ピアノ演奏曲名 ―「心の情景」(？)

2 / 25, ’20

①誕生日の花は､「カンヒザクラ」と言ったのだろうか､それとも「カンシザクラ」と言ったのだろうか（？）

②演奏曲名 ―「オールド・イン・ライフ」

(old in life ?)

③演奏曲名 ―「サン・チェイサー」(？)

英語としては不自然。“son or sun chaser” とはできない。

3 / 10, ’20

①ピアノ演奏曲名 ―「小さなワルツ (waltz ?)」

②演奏曲名 ―「ノスタルジア (nostalgia ?)」

3 / 24, '20

①ピアノ演奏曲名 ―「アイ・プロミス (I promise. ?)」

②演奏曲名 ―「若葉光るころ」（？）

＊「今日が誕生日の皆さん、いい日になりますように」

と、そっけない言い方 (1 / 14, '20)。

あるいは、さりげなく言った

「今日が誕生日の方、いいことがありますように」

から、中川氏は

「放送番組用ロボットに取り替えられる

NHK 女性番組担当の第 1 候補者」では（？）

＊時々火曜日担当の遠藤ふき子氏

1 / 1, '19

①「笑いのライフ・プロデューサー (life producer ?)」

「笑いの + "life producer"」とはできない

7 / 30, '19

①ギター演奏曲名

―「アース・エンゼル (earth angel ?)」

②サックス演奏曲名 ―「未来への希望」（？）

10 / 1, '19

①誕生日の花「マツムシソウ」の花言葉は「風情」（？）

②「遺族女性のシキをまとめて」

下線部は「史記」、あるいは「私記」のどちらだろうか（？）

③チェロ演奏曲名

—「オータム・カフェ (autumn cafe ?)」

12 / 31, ’19

①塩野七生さんの話

—「ローマ以来の世界史から見た2020年の日本」

と、言ったのだろうか（？）

②「ウインター・メロディー (winter melody ?) の楽しみ」

“winter melody” の日本語訳は､｢冬の音楽｣だろうか。

③氷川きよしさんの歌

—「それぞれの花のように」（？）

④演奏曲名 —「約束」（？）

3 / 31, ’20

①「スポーツ・ドクター (sports doctor ?)」

“sports doctor” というのは

スポーツ選手の診断、治療に当たる医師。

という意味だろうか。

②堀内孝雄さんの歌 —「みんな少年だった」（？）

隔週で水曜日担当
須磨佳津江氏

4 / 11, '18

①「小さなことに幸せを見つけて、どうぞいい一日をお過ごし下さい」（？）

4 / 25, '18

①「悲しいことのない、楽しいことが少しでも多く、
　辛いことが少しでも少ない、一日になりますように」

大学生だった頃、何処かの教会で聞いた言葉だったような気がする。

②「日本ＡＬＳ協会理事」

どのような英単語の頭文字だろうか（？）

5 / 9, '18

①誕生日の花「キリ」の花言葉は「高尚？」。

②「作家 〜 さんの御登場です」（？）

筆者にとっては、不思議な日本語。

5 / 23, '18

①誕生日の花「アマドコロ」は、効能がある（？）

②「ブヨウカ（舞踊家）で俳優」（？）

6 / 27, '18

①「今日はどんな一日になるのでございましょうか。
ご機嫌よう」（？）

7 / 25, '18

①誕生日の花「ヒマワリ」の英語 “sunflower” は、ひ

どいカタカナ発音だった。

8 / 15, '18

①誕生日の花の名前は、聞きとれなかった。

②「私の人生二毛作」と言ったが

「私の人生二期作」と

どのように異なるのだろうか（？）

8 / 29, '18

①ライブ・ハウス (live house ?) 経営者への

インタービュー ―「ライブ・ハウスは文化のるつぼ」

と、言ったのだろうか（？）

9 / 12, '18

①「上を向いて今日一日をお過ごし下さい」（？）

②「アーカイブズ（archives ?）放送」

「"archives"+ 放送」は可能（？）

"archives" の日本語訳は、名詞で

記録 [公文書] 保管所、公文書、古文書

筆者には意味が理解できない。

9 / 26, '18

①「スタジオの外はまだ

（真っ暗）あるいは（真っ黒）です」

の、どちらを言ったのだろうか（？）

10 / 10, '18

①「録音プロデューサー（producer ?)」

「録音 + "producer"」は可能（？）

筆者には意味が理解できない。

②「シリーズ・ビバ（？）・スポーツ」

10 / 24, '18

①「伝統的方法で金属に命を吹き込む」

と、言ったのだろうか。（？）

11 / 14, '18

①「"Life is once." 悔いなく生きよう」（？）

②ピアノ演奏曲名 ―「11 月のこもれび」（？）

「こもれび」→「木漏れ日」

木の葉の間から差し込んで来る日光。

この説明が必要。

11 / 28, '18

①「視力 6,000 で宇宙に挑む」（？）

②演奏曲名 ―「雪花」（？）

「雪花」→ 花の散るように降る雪。

この説明が必要。

12 / 12, '18

①誕生日の花「マンリョウ」の

「花言葉」は、聞きとれなかった。

12 / 26, '18

①「包んで結ぶ日本の伝統を伝えたい」

と、言ったのだろうか（？）

1 / 9, '19

①「BPSD 差別根絶」

下線部は、どのような英単語の頭文字だろうか（？）

②「今夜も 11 時 15 分から

『ラジオ深夜便』が開始します」（？）

筆者にとっては、不思議な日本語。

1 / 23, ’19

①誕生日の花「福寿草」にちなんで

「沢山の花片をつけた福寿草」

日本語の「花片」は､「ハナビロ」ではなく「ハナビラ」と発音する。

②「アート (art ?) を味わう

アート (art ?) でレシピー (recipe ?)」

筆者には意味が理解できない。

2 / 13, ’19

①誕生日の花「キンセンカ」の英語は

“marigold”(?)

2 / 27, ’19

①「ジャズ・アーティスト (jazz artist ?) の映画作品」

「ジャズ歌手の映画作品」という意味だろうか。

②ピアノ演奏曲名

—「ア・デイ・イン・マイ・ライフ (a day in my life ?)」

3 / 13, ’19

①誕生日の花「ユキヤナギ」の花言葉は

「シュショウ」で

「主唱」あるいは「殊勝」のどちらだろうか（？）

4 / 10, ’19

①「幸せは、一生何かの役にたつこと」（？）

②演奏曲名 —「行き合いの空」（？）

4 / 24, '19

①誕生日の花「わすれな草」の英語は

"forget-me-not" で、アクセントの位置に注意が必要。

②演奏曲名 ―「安らぎの季節」（？）

5 / 15, '19

①「どんな気候でも、いい一日になるといいですね」

「天気」では（？）

②「プロダクト・デザイナー (product designer ?)」

"product" の日本語訳は、名詞で、ここでは「(人工の)製品」だろうか。筆者には意味が理解できない。

③ピアノ演奏曲名 ―「コントロール (control ?)」

5 / 29, '19

①誕生日の花「セッコク」は

とてもすてきな花でございます（？）

②「女優でタレント (talent ?) のサヘル･ローズさん」

"talent" の日本語訳は「俳優（たち）」。

6 / 12, '19

①「代々木公園の緑の樹木が見えて参りました」

筆者にとっては、「不思議な日本語」。

②「心に悲しみの雨が降りませんように」

筆者にとっては、「不思議な日本語」。

③「シンボル・ツリー (symbol tree ?)」

"symbol" の日本語訳は、名詞で「象徴、記号、符号」。どのような木だろうか。

6 / 26, '19

①「イショウゾウケイカ」→「衣服造形家」(?)

②「カラクリに魅せられて、生かされて」(?)

③バイオリン演奏曲名 —「いつもの日曜」(?)

7 / 10, '19

①「誕生日の花「シモツケソウ」を

花屋さんで見つけたら……」

日本語の下線部は、「メ」ではなく「ミ」と発音する。

②「芥川賞作家、直木賞作家」

「芥川賞受賞作家、直木賞受賞作家」

という意味だろうか(?)

③脳神経外科医の話 —「目と手で息を吹き込む」(?)

④チェロ演奏曲名

—「ジュライ・モーニング (July morning ?)」

7 / 24, '19

①誕生日の花は「ニッコウキスゲ(日光黄菅)」、あるいは「ニッコウスギ(日光杉)」の、どちらを言ったのだろうか

②「ぼおっとした空気(?)の中で

ビルが浮き上がって来ました」

筆者はこのような日本語を、初めて聞きました。

③ビブラフォン演奏曲名 —「マイ・ビユー (my view ?)」

8 / 14, '19

①「バツイチ(?)からの生き方」

②「七宝焼きアーティスト (artist ?)」

「七宝焼き師」のことだろうか。

8 / 28, '19

①「もったいないの心が地球を救う」（？）

②ピアノ演奏曲名

—「ピアノ・ヴァカンス (piano vacance（仏語？)」

仏単語 "vacance" の日本語訳は、名詞で「休暇」。

9 / 11, '19

①チェロ演奏曲名 —「青い空」

原語の西語 "cielo azul" は

ひどいカタカナ発音だった。

＊番組終了まで、残りの時間が、２分も余ってしまったのでは（？）

9 / 25, '19

①藁細工職人の話

—「藁細工の伝統と美しさを伝えたい」

と、言ったのだろうか（？）

② CM プランナー（planner ？）の話

—「復興五輪で東北に元気を」

"planner" の日本語訳は、名詞で

立案者、(都市）計画者、都市計画立案者

このような日本語訳の、どれを当てるのだろうか。

③「ヒューマン・ドラマ (human drama ?) 作品集」

"human" の日本語訳は、形容詞で

人間的な、人間らしい、人間にありがちな

"drama" の日本語訳は、名詞で「劇」。

そうすると、"human drama" は、どのような日本語訳

になるのだろうか。

10 / 9 , '19

①「耕作放棄地を蘇らせる」（？）

②キーボード演奏曲名

―「ライフ・ムーブズ・オン (Life moves on. ?)」

③演奏曲名 ―「遠いあなたへ」（？）

＊残りの時間が、２分以上も余り、同じことを何度も繰り返したのでは。

10 / 23, '19

①誕生日の花「シコンノボタン」の英語は

"spider flower"(?)

②キーボード演奏曲名 ―「ゼニー」（？）

11 / 13, '19

①誕生日の花「ヒマラヤスギ」は

「ジョウリョク（常緑？）のコウボク（ 高木？）」で

英語は "Himalayan cedar"(?)

②ピアノ演奏曲名 ―「霧降る紅葉」（？）

＊次の番組内容を紹介するのを忘れ、５時まで、２分も余ってしまったのでは。

11 / 27, '19

①演奏曲名 ―「ノクターン (nocturne ?)」

12 / 11, '19

①誕生日の花「ヤドリギ」は、「常緑樹で

新鮮なパワー (power ?) を持つ縁起のいい木」

"power" の日本語訳は、名詞で「力」。そうすると

新鮮なパワー →新鮮な力

「新鮮な力」とはどのような力だろうか（？）

また日本語の「常緑樹」は、「ジョウロクジュ」ではなく、「ジョウリョクジュ」と発音する。

12 / 25, '19

①演奏曲名 ―「ホワイト・ステップ (white step ?)」

1 / 15, '20

①篠笛演奏曲名 ―「舞姫」（？）

1 / 29, '20

①「通信機器 ― Five G で何が変わる」（？）

② JAXA Project Two Manager の話 ―「100 点満点で 1,000 点」と、言ったのだろうか（？）

③演奏曲名 ―「朝日の如く爽やかに」（？）

④「貯金が蓄えられるといいですね」
「貯金が増えるといいですね」では（？）

2 / 12, '20

①ピアノ演奏曲名 ―「優しい記憶」（？）

2 / 26, '20

①庭師の話 ―「日本庭園に魅せられた北欧青年」（？）

②「初老の耽美派が行く」（？）

このような日本語は、理解するのが極めて難しい。

③ピアノ演奏曲名 ―「花の歌」（？）

3 / 25, '20

①誕生日の花「レンギョウの花言葉」は
「達せられた希望」

「達せられた希望」という表現は、あまり聞いたことがなかったので、驚きました。筆者は、「実現した希望」とは、よく言います。

②オカリナ演奏曲名 —「そよ風」(?)

＊須磨氏の話す日本語の内容と、その話し方から
「論理」という言葉のない語彙を持つ
NHK 女性番組担当者では（?）

三宅民生氏（2019 年 3 月まで）

4 / 4, '18

①「カントリー・クラッシクス (country classics ?)」

"country music" の日本語訳は

米国南部の郷土音楽から発生した大衆音楽。

"classics" の日本語訳は、名詞で

（芸術、文学、学問上の）

一流の作品、代表的作品、傑作、古典

この説明が必要。

4 / 18, '18

①「アダルト・シィティ・ポップス (adult city pop ?) 集」

筆者は、このような日本語（？）を聞くと、「勝手にしろ！」と、言いたくなる。

6 / 6, '18

①元プロ野球選手の話

―「セカンド・キャリア (second career ?) は農業で」

"career" の日本語訳は、名詞で、ここでは「職業」という意味だろうか。

6 / 20, '18

①「景色の見える音楽」（？）

②「今日も一日いい日でありますように。

ここまでは三宅でした」

↓

「番組のここまでは、三宅が担当しました」。

の手抜き表現では（？）

③「フリー・プロデューサー (free producer ?)」

“producer” に、“free”（自由な）や、“restricted”（限られた）の区別があるのだろうか。

7 / 4, ’18

①誕生日の花の名前を

一回しか言わなかったので、聞きとれなかった。

7 / 18, ’18

①「旅の旅人」→「旅の達人」では（？）

8 / 8, ’18

①「往年の名歌手 ― 坂本九さん」

坂本九さんが、名歌手とは知りませんでした。

②ギター演奏曲名

―「イフ・アイ・ニュー・ハー・ネーム」

(If I knew her name, ?)

9 / 5, ’18

①人と人をつなぐ「コミュニティー

・デザイナー (community designer ?)」

“community” の日本語訳は、名詞で「地域社会」。

“designer” の日本語訳は、名詞で

意匠家、図案家、設計者、企画者、立案者

このような日本語訳のどれを、「地域社会」と組み合わせるのだろうか。

9 / 19, ’18

①ピアノ演奏曲名

—「ストーム・オヴ・オータム (storm of autumn ?)」

10 / 3, '18

①「聞き手は迎康子アナウンサーでした」

「聞き手」→ "interviewer" の動詞形は "interview"

「アナウンサー(announcer)」の動詞形は "announce"

同一人物の動作

"interview" と "announce"

を同時に、ひとつの文中で示唆する英語感覚（？）

②「どうぞ１日お元気で」を、２回言った（残りの時間が余りすぎて？）。

11 / 7, '18

①演奏曲名 —「フレンドシップ (friendship ?)」

11 / 21, '18

①「悔いなく生きよう — "Life is one."」（？）

12 / 5, '18

①「アンカー芳野潔」と「芳野潔アンカー」

の区別をしない「言語鈍覚症」（？）

②サックス演奏曲名 —「ツー・クール (too cool ?)」

12 / 19, '18

①「宝石研磨職人」（？）

1 / 2, '19

①「遠藤ふき子アナウンサー」を

「遠藤ふき子アンカー」と言い換えたのはなぜ（？）

②演奏曲名 —「風のステンドグラス (stained glass ?)」

③演奏曲名 ―「モーニング・グロー (morning glow ?)」

1 / 16, '19

①ピアノ演奏曲名

―「ウインター・ピアノ (winter piano ?)」

2 / 6, '19

①「九州は春、北海道は真冬の気温で

日本列島で綱引きをしている状態」

筆者は、このような日本語を初めて聞き、驚きました。

2 / 20, '19

①「ポピュラー・ヒット・シ (史)」と言ったのだろうか、

それとも「ポピュラー・ヒット・シュウ（集)」と、言ったのだろうか（?）

②演奏曲名 ―「ハート (heart ?)」

③演奏曲名 ―「ホワイト・ガーデン (white garden ?)」

3 / 6, '19

①ヴァイオリン演奏曲名 ―「キュア (cure ?)」

工藤三郎氏（2019年4月より）

4 / 3, '19

①「個性派女性シンガー」

プロの女性歌手は、全て「個性派」では（？）

②「フェルト（felt ?）・アート作家」

筆者には意味が理解できない。

4 / 17, '19

①誕生日の花「ハナビシソウ」の英語

"California poppy" は、ひどいカタカナ発音だった。

5 / 8, '19

①「歌手で女優で木版画家のジュディ・オングさん」

筆者には信じられない多能力の持ち主（？）

「歌と映画と木版画が趣味のジュディ・オングさん」の間違いでは（？）

②ピアノ演奏曲名 ―「風のたまくら」

下線部は「玉蔵」、あるいは「霊鞍」のどちらだろうか。

5 / 22, '19

①演奏曲名 ―「ドリーム・タイム (dream time ?)」

②演奏曲名 ―「グリーン・デイ (green day ?)」

6 / 5, '19

①誕生日の花「ハマナス」の花言葉は

「照り映える容色」と、言ったのだろうか（？）

6 / 19, '19

①「知的研究を続けて楽しい人生を」（？）

7 / 3, '19

①銚子電鉄社長の話

—「ローカル線の社長は運転士」（？）

②演奏曲名 —「この思い・あなたに」

③ハープ演奏曲名 —「マウンテン・〜 」

下線部は、何と言ったのだろうか（？）

7 / 17, '19

①「移動ブック・カフェ (book cafe ?) で交流を」

"book cafe" の日本語訳は

「本が読めるコーヒー店あるいは喫茶店」

だろうか。

②ハープ演奏曲名 —「ハニー・リュー」（？）

③演奏曲名 —「マドロミ」（？）

8 / 7, '19

①バレリーナの話 —「エレガント (elegant ?) に生きる」

"elegant" の日本語訳は「形容詞」で

優雅な、高尚な、気品の高い、上品な

このような日本語訳の、どれを当てるのだろうか。

②オカリナ演奏曲名 —「青空のメッセージ (message ?)」

＊ギター演奏曲名は、聞き取れなかった。

8 / 21, '19

①演奏曲名

—「スウィープ・スウイープ・エブリデイ」

(sweep, sweep every day ?)

9 / 4, '19

①演奏曲名 ―「いつまでも」(？)
②演奏曲名 ―「小さなタンゴ (tango ?)」

9 / 18, '19

①高樹のぶ子さんの話
―「作家として40年―新境地への挑戦」
と、言ったのだろうか（？）
②「アマチュア (amateur ?)・サーファー (surfer ?) の話」
③演奏曲名 ―「輝ける日々」(？)

10 / 2, '19

①「心を和らげる音楽の力」(？)
②「間もなく夜が明けて、新しい日が動き出します」
筆者はこのような日本語を初めて聞き、驚きました。
③演奏曲名 ―「フォー・ユー (for you ?)・この愛」
④演奏曲名 ―「黄金色の風」(？)

10 / 16, '19

①「今日が昨日よりも、よい日でありますように」
「昨日よりも、よい日」とは、
どのように判断するのだろうか（？）
②「テレビ・プロデュサー (TV producer ?)」
→「テレビ番組製作担当者」のことだろうか（？）
③オカリナ演奏曲名 ―「オカリナの翼」(？)
④演奏曲名
―「ハッピー・モーメント (happy moment ?)」

11 / 6, '19

①「ホームレスから会社上場へ」（？）
②演奏曲名

—「ホールド・ミー・ナウ (Hold me now. ?)」

12 / 4, '19

①「作家・アイドル評論家」（？）
筆者には意味が理解できない。
②演奏曲名 —「美しき人生」（？）

12 / 18, '19

①「ハイ・パフォーマンス・スポーツ
(high performance sports ?)・センター長」の話

"high performance" の日本語訳は、「高度な演技」だろうか。筆者には意味が理解できない。

②演奏曲名 —「生まれいく時の中で」（？）
③演奏曲名 —「レイトリー (lately ?)」

1 / 8, '20

①「女性漫画家特集 — 人生ゴー・ゴー (go go ?)」

"go" の日本語訳は、自動詞で「行く、進む、動く」。筆者には意味が理解できない。

②ピアノ演奏曲名 —「未来からの歌声」（？）
＊フルート演奏曲名は、聞きとれなかった。

1 / 22, '20

①誕生日の花「シンビジューム（工藤氏は「シンピジューム」と発音した）」の花言葉は
「新装の麗人」あるいは「深窓の麗人」のどちらだろうか。
②ハープ演奏曲名

―「トーキング・ツ・ミー (talking to me ?)」

2 / 5, '20

①シンセサイザー演奏曲名 ―「風の ～ 」

下線部は、何と言ったのだろうか（？）

②ヴァイオリン演奏曲名 ―「たどり着く場所」（？）

2 / 19, '20

①誕生日の花「アネモネ」の英語は "wind flower"(?)

カタカナ発音では、意味を伝えることはできない。

②演奏曲名 ―「美しい人」（？）

③歌 ―「タイム・ツ・セイ・グッドバイ」

(time to say good-bye ?)

3 / 4, '20

①「森の動物 ～ を知っていますか」

下線部は、何と言ったのだろうか（？）

②ピアノ演奏曲名 ―「風に舞う花のように」（？）

③演奏曲名

―「ダンシング・セブン (dancing seven ?)」

3 / 18, '20

①日本ヘルマン・ハープ振興会会長の話

―「バリアフリーの音色を求めて」

と、言ったのだろうか（？）

②ギター演奏曲名 ―「心をいやして」（？）

③キーボード演奏曲名 ―「風車小屋からの便り」（？）

＊工藤氏の日本語の話し方は、「単調で一本調子」。

従って

「放送番組用ロボットに取り換えられる
NHK 男性番組担当の第 1 候補者」では（？）

＊時々水曜日担当の高橋淳之氏

8 / 1, '18

①「目指すはプロのショウガクセイ」

「奨学生」ではなく「将学生」のことだろうか（？）

1 / 30, '19

①誕生日の花「カルセオラリア（日本語名は巾着草）」の英語、"slipper flower" あるいは "porch flower" を、ひどいカタカナ発音で紹介した。

②「日本タイガン協会理事長」

「対癌」だと思われるが、念のため。

③演奏曲名 ―「時の彼方」（？）

7 / 31, '19

①誕生日の花「フシグロセンノウ」は蛍光色（？）

②「コキ・コライ・ココロ」（？）

「コキ」は、「古記」あるいは「古希」の、どちらだろうか。

③演奏曲名 ―「アジアの心」（？）

10 / 30, '19

①「触れて、香って、見る絵画」（？）

②「それでは、深夜便を終わります」

番組の終わりの言葉として、筆者は初めてこのような日本語を聞きました。

1 / 1, '20

①シンセサイザー演奏曲名 —「旅立ちの前に」（？）

②演奏曲名—「星のセレナーデ（何語？）」

隔週で木曜日担当

石澤典夫氏

4 / 12, '18

①演奏曲名

—「モーニング・ブリーズ (morning breeze ?)」

5 / 10, '18

①演奏曲名 —「アンチェインジド・メロディ

(unchanged melody ?)」

5 / 24, '18

①「ガーディナー」(？)

"gardener" は、「ガーディナー」というカタカナ発音ではなく、[gáədnə] と発音しなければ、意味を伝えることはできない。

6 / 14, '18

①「人生はミニ・シネマ・パラダイス

(mini cinema paradise ?)」

"mini" は接頭辞で、日本語訳は「小、小型」。

"cinema" の日本語訳は、名詞で

映画、映画館、映画産業

"paradise" の日本語訳は、名詞で「天国、極楽、楽園」。

このような日本語訳を、どのように組み合わせるのだろうか。

6 / 28, '18

①誕生日の花「ササユリ」の花言葉は

希少価値、上品、清浄（？）

7 / 12, '18

①「『深夜便』アンカーの朗読」

「アンカー（anchor）」の日本語訳は、「総合司会者」。手元の国語辞典によれば、「司会者」というのは

ラジオ・テレビなどで、何人かの人を集め一定の時間、スムースに話をさせたり、演技させたりすることを専門とする。

となっている。

「総合司会者」が「朗読する」ことに、違和感がないらしい。

8 / 9, '18

①フルート演奏曲名

―「モーニング・ミスト (morning mist ?)」

8 / 23, '18

①イラストレータの話

―「あなたにハッピーを」（？）

"happy" の日本語訳は、「形容詞」で

幸福な、楽しい、嬉しい

従って、「あなたにハッピーを」とはできない。

9 / 13, '18

①フルート演奏曲名

―「ア・ソング・フォオ・ユー (a song for you ?)」

9 / 27, '18

①演奏曲名 ―「キャッチング・ザ・サン

(catching the sun or son ?)」

10 / 25, '18

①絵本作家の話 ―「子供のミカタ」

「見方」、あるいは「味方」の、どちらだろうか（？）

11 / 29, '18

①「『アンカーの集い』出演は

〜、〜、の両アンカー（anchor ?)」

「両 +"anchor"」は可能（？）

②ピアノ演奏曲名 ―「夢のほかげ」

「帆影」、あるいは「火影」の、どちらだろうか（？）

12 / 13, '18

①誕生日の花「ヤツデ」は「常緑樹」

を、正しく発音できましたか。

②「シドウシ（志同士？）親の会」

これは、聞きとるのが極めて難しい。

③「認知症サポーター (supporter ?) になろう」

「認知症 +"supporter"」は可能（？）

"supporter" の日本語訳は、名詞で

支持者、援助者、賛成者、応援者

このような日本語訳の、どれを当てるのだろうか。

12 / 27, '18

①「新内節の伝統を伝える」（？）

「新内節」というのは

豊後節から分かれ出た浄瑠璃の一派。

濃艶を特徴とする。

この説明が必要。

1 / 10, '19

①「日本美術の再発見」

日本語の「美術」は、「ビジツ」ではなく、「ビジュツ」と発音する。

1 / 24, '19

①「日本ブレイン・ケア (brain care ?)
認知症研究所理事の話」

"brain" の日本語訳は、名詞で「脳」。

"care" の日本語訳は、名詞で「保護、管理」。

筆者には意味が理解できない。

②演奏曲名

―「モーニング・ドリーム (morning dream ?)」

2 / 14, '19

①「ママ深夜便リターンズ (returns ?)」

手元の英和中辞典によれば、"return" の日本語訳は、自動詞で「(元の場所へ) 帰る、戻る」。例文として

I returned home yesterday. (私はきのう家に帰った)

次に「(前の話題・以前の状態などに) 戻る」

Now, let us return to the question of marriage.

(さてまた結婚という問題に話を戻そう)

そして「再び来る、巡って来る、再発する」

The warm weather will soon return.

(そのうちまた暖かくなるでしょう)

となっており、

「ママ深夜便 +“returns”」とはできない。

②イタリアン・レストラン・オーナー・シェフの話

—「チャオ（伊語の “ciao” ?)・イタリアン」

伊単語 “ciao” は

「親しい人と出会った時、また別れる時の挨拶」

2 / 28, ’19

①人生の道標 —「ファンタジー (fantasy ?) は

憧れの中に」

“fantasy” の日本語訳は、名詞で

空想、幻想、気まぐれ

このような日本語訳の、どれを当てるのだろうか。

②演奏曲名 —「イエスタデイ・ワンス・モア

(yesterday once more ?)」

3 / 14, ’19

①「医療的ケア (care ?) 時にもハッピー (happy ?) を」

“care” の日本語訳は、名詞で、ここでは「世話」だろうか。

②「ヤクゼン（薬膳？）の知恵」

3 / 28, ’19

①尺八演奏曲名 —「春告げ鳥」(？)

4 / 11, 19

①「人生の道標 — 人生は光りと影」(？)

4 / 25, ’19

①「ガーデン暦」

「“garden”+ 暦」は可能（？）

なぜ「庭園暦」、あるいは「菜園暦」

と、言えないのだろうか。

5 / 9, '19

①演奏曲名 ―「ユー・アー・ビューティフル」

(You are beautiful. ?)

②「スペシャル(special ?) 対談アンコール(encore ?)」

英語（？） ＋　日本語 ＋　仏語（？）

石澤氏は

NHK 番組担当者の「外国語つまみ食い病患者」では（？）

6 / 27, '19

①「童謡・唱歌・叙情歌集」（？）

「ゆっくりめの話し方」が、必要。

7 / 11, '19

①誕生日の花「ハイビスカス」は

「カラー(color ?)・バリエーション(variation ?) も豊富」

と、言ったのだろうか（？）

“color ” の日本語訳は、名詞で、ここでは「色、色彩」だろうか。

“variation” の日本語訳は、名詞で、ここでは「変種」だろうか。筆者には意味が理解できない。

②「認知症フレンドリー (friendly ?) 社会」

ここでは

「認知症へ好意的な、親切な、優しい社会」

という意味だろうか。

③フルート演奏曲名 ―「ピープル (people ?)」

7 / 25, '19

①おばあちゃんの知恵袋

—「食養生研究家（?）のパン・ウェイさん」

②演奏曲名 —「命の歌」(?)

③演奏曲名

—「サンライズ・クルーズ (sunrise cruise ?)」

8 / 15, '19

①誕生日の花の名前が、聞きとれなかった。

②戦争と平和インタビュー —「ハボマイ群島元島民の話」と、言ったのだろうか（?）

③ヴァイオリン演奏曲名 —「カノン」(?)

8 / 29, '19

① 13 代萩焼師の話

—「40 トンの土から掌（タナゴコロ?）の世界へ」

「掌」→「手の心」の説明が必要。

②演奏曲名 —「愛の夕べ」(?)

9 / 12, '19

①美容研究家の話 —「美しくあれ」(?)

②ヴァイオリン演奏曲名 —「風の通り道」(?)

③演奏曲名

—「フィール・ザ・ワールド (feel the world ?)」

9 / 26, '19

①誕生日の花「ベンケイソウ」の花言葉は「静穏」(?)

10 / 10, '19

①「郷愁の歌・月の歌・ア・ラ・カルト (à la carte ?)」

②胡弓演奏曲名 —「朝露」(?)

③ピアノ演奏曲名

—「アメイジング・グレイス (amazing grace ?)」

10 / 24, '19

①写真家で切り絵作家の話

—「写真はシコウ（思考？）の表れ」

②「フリー・カメラマン (free cameraman ?)」

"cameraman" だけで充分では（？）

③演奏曲名 —「ヴェートーベンの交響曲から

フィナーレ (finale ?)」

11 / 14, '19

①「駄菓子屋 13 代トウシュ（当主？）の話」

②オカリナ演奏曲名

—「オータム・ウインド (autumn wind ?)」

③演奏曲名 —「アローン・アゲイン (alone again ?)」

11 / 28, '19

①「コミュニケーション・ディレクター」

(communication director ?)

"communication director" は、ここでは、「情報交換に関する指導員」という意味だろうか。

②演奏曲名 —「秋の旋律」（？）

12 / 12, '19

①料理研究家の話 —「揚げ上手のフライ (fry ?)」

②ピアノ演奏曲名

—「囁（ささや）くように、祈るように」（？）

③演奏曲名 —「センチメンタル・モーニング

(sentimental morning ?)」

12 / 26, '19

①明治神宮ミュージアム館長の話

—「日本美は線の細さと折り目正しさ」

と、言ったのだろうか（?）

②児童文学者の話 —「心の痛みと生きる」（?）

③「ブラック・コンテンポラリー・バラード

(black contemporary ballad ?) 集」

"black" の日本語訳は、名詞で、ここでは「黒人」だろうか。

"contemporary の日本語訳は、名詞で

同じ時代の人、同期生、同年者、同時代のもの

"ballad" の日本語訳は、名詞で「俗謡、通俗曲」

このような日本語訳を、どのように組み合わせるのだろうか。

④演奏曲名 —「マイ・ウェイ (my way ?)」

1 / 9, '20

①「不自由な足が、私の世界を広げてくれた」（?）

②ヴァイオリン演奏曲名 —「イト」

「意図」あるいは「糸」の、どちらだろうか（?）

③演奏曲名 —「冬」（?）

1 / 23, '20

①「甘味でとろりん」（?）

②ハープ演奏曲名 —「エデンの東」（?）

③演奏曲名 —「朝」（?）

2 / 13, '20

①尺八演奏曲名 ―「そうしゅんふ（早春賦？）」

②演奏曲名 ―「コーリング・ユー (calling you ?)」

2 / 27, '20

①画家で絵本作家の話 ―「押し寄せる情熱で描く」
と、言ったのだろうか（？）

②「みもざの日（？）のごちそう」
"mimosa" →「オジギソウ」

③演奏曲名 ―「シューベルトのアヴェマリア」（？）

④演奏曲名 ― 夜明けの歌」（？）

3 / 12, '20

①誕生日の花「デイジー」の英語は "daisy"。[deızi] と発音しなければ、意味を伝えることはできない。

②「ミツロウ（蜜蝋？）職人の話」

③ヴァイオリン演奏曲名 ―「卒業写真」（？）

3 / 26, '20

①演奏曲名 ―「小さな春」（？）

＊石澤氏の話す日本語の内容と、話し方から
「進歩」という言葉のない語彙を持つ
NHK 男性番組担当者では（？）

芳野潔氏

4 / 5, '18

①「次回の担当は～月～日になります。是非又お付き合い下さい」

「付き合う」というのは

互いに行き来したりして親しい間柄を保つ。

筆者は番組を聞いているだけで、番組担当者と「付き合っている」という感覚は全くない。

5 / 3, '18

①「リョウシ（漁師あるいは猟師のどちら？）

・エコ・ツアー・ガイド(economy tour guide ?)」

6 / 21, '18

①「ライフ・スタイル・セイコウ・ウドク」

「"life style"+ 晴耕雨読」は可能（？）

"life style" の日本語訳は、「生活様式」だろうか。このような日英語の混合形が、よくできるものだと、筆者は感心しました。

7 / 19, '18

①「フレッシュ・トマトでソース」

(fresh tomato ?) (sauce ?)

「新鮮なトマトを使ってソースを作る」と、いう意味だろうか（？）

8 / 2, '18

①「ライフ・スタイル・平成徒然草」（？）

②「芸人で俳優」→「俳優」は「芸人」では（？）

8 / 16, '18

①誕生日の花「ヤナギラン」の花言葉は、「集中」（？）

②「シー・カヤック (sea kayak ?) で黒潮の恵み」

"kayak" の日本語訳は、名詞で

エスキモー人が用いる革張りの小舟。

筆者には意味が理解できない。

③演奏曲名 ―「亜麻色の髪の乙女」（？）

④演奏曲名

―「モーニング・アイランド (morning island ?)」

10 / 4, '18

①誕生日の花「ワレモコウ」の花言葉は「変化」と、もうひとつ言ったが、それは聞きとれなかった。

10 / 18, '18

①「デュエット・ソング (duet song ?)」

「二重奏曲」のことだろうか。

②「郷の幸は今収穫の真っ盛り」

下線部は、少しゆっくりめに言わないと、理解しにくい。

11 / 8, '18

①担当した日付は

「11 月8日で、11 月4日ではない」。

②演奏曲名

―「ハート・ウォーミング (heart warming ?)」

12 / 20, '18

①ギター演奏曲名

—「ラブ・オブ・マイ・ライフ (love of my life ?)」

1 / 3, '19

①「キョクヤ（極夜？）を行く」（？）

②演奏曲名 —「セイ・グッドバイ・アゲイン」

(Say good-bye again. ?)

2 / 21, '19

①演奏曲名 —「シューベルトのマス」（？）

②演奏曲名 —「ラビング・ユー (loving you ?)」

3 / 7, '19

①「記録遺産を守る — アーカイブズ・レスキュー」

(archives rescue ?)

"archives" の日本語訳は、名詞で「公文書、古文書」。

"rescue" の日本語訳は、名詞で「救出、救援、救済」。

このような日本語訳を、どのように組み合わせるのだろうか。

②「フュージョン・ギターリスト (fusion guitarist ?)」

"fusion" の日本語訳は、名詞で

溶解、融解、融和、融合

筆者には意味が理解できない。

3 / 21, '19

①演奏曲名

—「クリスタル・モーニング (cristal morning ?)」

②演奏曲名 —「シューマンのトロイメライ」（？）

4 / 18, '19

①「いろいろ豆のサラダ」(？)
②演奏曲名 ―「明るい表通り」
(on the sunny side of the street ?)

5 / 2, '19

①ギター演奏曲名
―「イン・マイ・ライフ (in my life ?)」

5 / 16, '19

①「グッド・デザイン・エクスビション」
(good design exhibition ?)
と、言ったのだろうか (？)

"good design exhibition " の日本語訳は、「立派な図案の展示会」だろうか。

②演奏曲名 ―「モーツァルトの
アイネ・クライネ・ナハト・ムージック
(eine kleine Nacht Musik ?)」

6 / 6, '19

①「虫の痕跡から見える縄文の暮らし」(？)

6 / 20, '19

①誕生日の花
「花ショウブ」の英語は、"Japanese iris"(?)

7 / 4, '19

①誕生日の花「ノカンゾウ」の英語は "day lily"(?)
②「技を守り、技を伝える」
下線部を正しく発音できましたか。
③演奏曲名 ―「可愛い愛車」(？)

7 / 18, '19

①「いつもこの時期は、今日も暑くなるかと

ご心配なんですけど、……」

このようなおかしな日本語を、筆者は初めて聞きました。

8 / 22, '19

①誕生日の花「ナツスイセン（夏水仙）」

の英語は "magic lily"(?)

②フルート演奏曲名 —「埠頭を渡る風」（？）

③演奏曲名 —「輝く時の中で」（？）

9 / 5, '19

①誕生日の花「オニバス」の英語は "gorgon"（？）

②「玉砕させた祖父の眠る島へ」（？）

③演奏曲名 —「朝焼け」（？）

9 / 19, '19

①カラー魚拓作家の話 —「魚の美しさを」（？）

下線部は工夫しないと、聴取者は理解しにくい。

②オカリナ演奏曲名 —「幸せな朝」（？）

＊サックス演奏曲名は、聞きとれなかった。

10 / 3, '19

①「人生を全うさせる」（？）

②演奏曲名 —「シチリアーノ」（？）

10 / 17, '19

①誕生日の花「フジバカマ」は「絶滅危惧種」（？）

②番組の終わりの言葉、「それではさようなら」

に、筆者は驚きました。

③紙ふうせんの歌 ―「冬が来る前に」(?)

④演奏曲名 ―「あなたの生まれた朝」(?)

11 / 7, '19

①旧満州開拓団集団自決生存者の話

―「一人孤児として生きる」

下線部は、どこかで小休止を入れないと、聴取者はついて行けない。

②江戸の情話「シンナイ(新内?)」を次世代へ。

③ヴァイオリン演奏曲名 ―「元気を出して」(?)

11 / 21, '19

①アマチュア写真家の話

―「東京の下町をトリ(撮り?)続けて」

②「鋏禿(ち?)びても、腕衰えず」

③演奏曲名 ―「秋風のころ」(?)

12 / 5, '19

①「カッコいい日本語のミュージカル (musical ?) を」

"musical" の日本語訳は、名詞で「音楽劇(映画)」。

②演奏曲名 ―「ボッケリーニのメヌエット」

*芳野氏は「ホッケリーニのメルヌットと発音した。(何語?)」

12 / 19, '19

①以前放送の『ラジオ深夜便』の歌は

「夜は優しい」あるいは「夜は優し」

の、どちらだろうか。

②演奏曲名 —「心の愛」(？)

1 / 2, '20

①「読む・書く力を通して言葉の力を取り戻す」(？)

②ヴァイオリン演奏曲名 —「踊る人形」(？)

③演奏曲名 —「明日にかける橋」(？)

1 / 16, '20

①誕生日の花「カンサボテン」の英語は

"Christmas cactus"(?)

②「阪神淡路大震災から 25 年

— 災害メモリアル・アクション (memorial action ?)」

"memorial" の日本語訳は、形容詞で、ここでは「追悼の」だろうか。

"action" の日本語訳は、名詞で、ここでは「活動、行動」だろうか。合わせると

「災害追悼活動」という意味だろうか。

③演奏曲名 —

「モーニング・ドリーム (morning dream ?)」

2 / 6, '20

①誕生日の花「ヒメオドリコソウ（芳野氏は「シメオドリコソウ」と発音した)」の花言葉は

「愛嬌」あるいは「愛情」の

どちらを言ったのだろうか（？）

②自然農法実践家の話

—「出会いが生んだ米の自然栽培」(？)

③ギター演奏曲名 —「素顔のままで」(？)

2 / 20, '20

①イタリアン・レストラン・オーナー・シェフの話
—「まかない御飯の知恵」（？）

「まかない」というのは →「賄い」
食事を用意して食べさせること。

この説明が必要。

②演奏曲名 —「ひと時を風の中へ」（？）

③演奏曲名 —「ヒア・ゼア・アンド・エブリウェア」
(here, there and everywhere ?)

3 / 5, '20

①尺八演奏曲名 —「春告げ鳥」（？）

②演奏曲名 —「エルガーの愛の挨拶」（？）

3 / 19, '20

①「孤高のアーティスト（artist?）の話」
「孤高の +"artist"」は可能（？）

聴取者にとって、極めて聞きとりにくい。

②フルート演奏曲名 —「春よこい」（？）

③演奏曲名 —「美しく青きドナウ」（？）

＊演奏曲名 —「モーニング・ブレス」(11 / 7, '19)

"morning breath"（日本語訳「朝のひと息」）の "breath" は、「ブレス」というカタカナ発音ではなく、[bréθ] と発音しなければ、意味を伝えることはできない。

中・高校と6年間に及ぶ外国語としての英語学習期間中、[S] 音と [TH] 音の区別もしなかったのだろう。芳野

氏は
「日本デタラメ英語教育行政による
学習者の代表」では（？）

＊時々木曜日担当の二宮正博氏

5 / 31, '18

①「リーアル (real ?)・トーク (talk ?)」

"real" の日本語訳は、形容詞で

「外見と内容が一致した正真正銘の」

"real talk" と "talk" は、どのように使い分けるのだろうか。

8 / 30, '18

①「戦争孤児が歩んだ苦難の道」（？）

1 / 31, '19

①誕生日の花は「リョウバイ」（？）

5 / 30, '19

①「物語でしか書けない真実」（？）

②「雨のソングを集めます」

→「雨の歌特集」のことだろうか。

8 / 1, '19

①「NPO 法人・遊びのボランティア
(volunteer ?) 理事長の話」

「ボランティア活動」として、遊びの相手をするということだろうか。

②チェロ演奏曲名 ―「黄昏のビギン」(？)

10 / 31, '19

①「国際交流プロデユーサー (producer ?)」

「国際交流 +"producer"」とはできない

国際交流に関する、どのような仕事を担当するのだろうか

1 / 30, '20

①トランペット演奏曲名

―「夜明けのトランペット」(？)

隔週で金曜日担当

迎康子氏

4 / 20, '18

①「なつかしのアメリカテレビ・テーマ

(TV theme ?) 集」

「テレビ番組主題歌」のことだろうか。

②「コミュニティー・ソーシャル・ワーカー」

(community social worker ?)

"community" の日本語訳は、名詞で「地域社会」。

"social worker" の日本語訳は、「社会福祉指導員」。

そうすると、「地域内で活動する社会福祉指導員」という意味だろうか。

5 / 4, '18

①「夫ふたり」(?) →「夫とふたり」では(?)

5 / 18, '18

①「真夜中の夢の共演 — 三田明さんと西郷輝彦さん」

下線部は「テルヒサ」ではなく、「テルヒコ」と発音する。

②演奏曲名 —「ジュ・テーム (仏語の Je t'aime. ?)」

仏語 "Je t'aime." の日本語訳は

「私はあなたが好きです」

6 / 8, 18

①「ホームドラマのガッキョク集」(?)

「"home drama"+ の楽曲集」は可能(?)

"home drama" の日本語訳は、「家庭劇」だろうか。

よくこのような、「日英語混合形」ができるものだと、筆者は驚きました。

6 / 22, '18

①誕生日の花、シモツケの花言葉は

「いつか分かる真価」（？）

「シンカ」に当てはまる漢字は、幾つもあるので注意。

②友禅作家の話 ―「花嫁衣装一筋に」

「友禅」というのは →「友禅染め」

絹布などに花鳥・草木・山水などの模様を

鮮やかに染め出したもの。

この説明が必要。

7 / 6, '18

①「ブンピツカ」→「文筆家」（？）

8 / 3, '18

①誕生日の花「ニチニチ草」は

「沢山の色があります」→ 何か変だな（？）

②「暑中見舞いも沢山頂きました」

下線部を正しく発音できましたか。

8 / 17, '18

①「安楽死・尊厳死 ― これからの緩和ケア」

と、言ったのだろうか（？）

8 / 31, '18

①誕生日の花「ホウセンカ」は、東南アジアが原産で、中国経由で日本にやって来ました。

人間じゃあるまいし（？）

②「戦没ガガクセイ（画学生？）の絵を修復する」

9 / 21, '18

①「難民ナウ(now ?) 代表の話」

「難民ナウ」と言うのと、「難民は今」あるいは「今難民は」と言うのとで、どちらが聴取者にとって、理解し易いかの配慮もできないのだろうか。

②ヴァイオリン演奏曲名

—「ザ・グレート・ウォール (the great wall ?)」

10 / 5, '18

①「一球入魂」（？）

②「グループ・サウンド特集第九弾」

と、言ったのだろうか（？）

10 / 19, '18

①「トベ（飛べ？）・義足アスリート」

11 / 16, '18

①「ウール（wool ?）格付人」（？）

②有名なシーボルトは、「ハクブツ（博物？）学者」

③「朝晩（昼？）の気温差の大きいこの頃です」

11 / 23, '18

①誕生日の花「ピラカンサ」の花言葉は、「慈悲」（？）

12 / 7, '18

①「スウィング・ジャズ（swing jazz ?)」あるいは「スイング・ジャズ（sing jazz ?)」の

どちらを言ったのだろうか。

12 / 21, '18

①「一足先に紅白歌合戦出場者の歌」

下線部を正しく発音できましたか。

②「新ママ大阪応援団代表理事」（？）

1 / 4, '19

①「大物歌手」（？）

日本語の「歌手」は、「コシュ」ではなく、「カシュ」と発音する。

1 / 18, '19

①「震災孤児レインボー・ハウス (rainbow house ?)

・チーフ・ディレクター (chief director ?) の話」

“chief director” の日本語訳は、ここでは「主任指導員」だろうか。

②「食育料理研究家」（？）

2 / 8, '19

①「89 歳、反骨のドラマ（drama ?）屋の人生」（？）

「“drama”+ 屋」は可能（？）

「ドラマ屋」というのは、「脚本家」という意味だろうか。

②ピアノ演奏曲名 ―「ユモレスク」（？）

2 / 22, '19

①誕生日の花「カンシロギク」の英語は

“north pole chrysanthemum ”(?)

②高砂部屋マネジャー（manager ? → 親方）の話

―「我が人生は四股にあり」

③ピアノ演奏曲名

―「サンセット・キス (sunset kiss ?)」

3 / 8, '19

①「人ありて町は生き」

日本語の「人」は、「シト」ではなく、「ヒト」と発音する。

3 / 22, '19

①「人生いつでもチャレンジ（challenge ?)」

"challenge" の日本語訳は、名詞で「挑戦、やりがい」。そうすると、「人生いつでも挑戦」という意味だろうか。

4 / 5, '19

①「コメディアン（comedian ?）で俳優の小松政夫さん」

"comedian" の日本語訳は、名詞で「喜劇俳優」。そうすると、「俳優」を２度言ったことになるのでは。

4 / 19, '19

①「事故から 25 年

— 名古屋空港中華航空事故遺族の会役員」

どこか途中で小休止を入れないと、聴取者はついて行けない。

②チェロ演奏曲名

—「スプリング・ローズ (spring rose ?)」

5 / 3, '19

①「児童虐待防止機構理事長の話」

どこか途中で、小休止が必要。

②「平成の連続テレビ番組主題歌集」

どこか途中で、小休止が必要。

5 / 17, '19

①「映像ジャーナリスト (journalist ?)」

「映像 +“journalist”」は可能（？）

“journalist” の日本語訳は、名詞で

新聞・雑誌記者（業者）

そうすると

映像を専門とする新聞・雑誌記者（業者）

という意味だろうか。

②ギター演奏曲名 —「シンセアリー (sincerely ?)」

7 / 19, ’19

①誕生日の花は「コバイケソウ」あるいは

「コバイケイソウ」のどちらだろうか（？）

②犬そり北極探検家の話

—「キョックカン（極寒？）の地に引かれて」

と、言ったのだろうか。

③「今日は広い地域で雨です。

どうぞ、降り過ぎることがありませんように」

不思議な日本語（？）

④演奏曲名 —「ハニー (honey ?)」

8 / 2, ’19

①「ぼやき川柳、選者は川柳作家」

「川柳」と「選者」の間に小休止が必要。

②「名誉ホスピス (hospice ?) 長の話」

「名誉 +“hospice”+ 長」は可能（？）

“hospice” の日本語訳は

末期患者の心身の苦痛軽減を目的とする病院。

③サックス演奏曲名 —「イノセンス (innocence ?)」

8 / 16, '19

①「坂本冬美さんの歌 — 演歌スリー (three ?)」

「演歌 +"three"」は可能（？）

②ピアノ演奏曲名 —「日だまりのアヤ（？）」

9 / 6, '19

①誕生日の花「ヨルガオ」の花言葉は「妖艶」(？)

②「命の海に網を下ろす」(？)

③「庭園デザイナー (designer ?)」

"designer" の日本語訳は、名詞で、ここでは「意匠家、図案家」だろうか。「庭園」との組み合わせを、筆者は初めて知りました。

④アコーディオン演奏曲名 —「恋心」(？)

9 / 20, '19

①誕生日の花「ヤブラン」は

花壇の「下草」として栽培されてきました。

「下草」というのは、「木陰に生える草」。

この説明が必要。

②ギター演奏曲名

—「スマイル・アット・ストレインジャーズ」

(smile at strangers ?)

③ピアノ演奏曲名

—「リブ・イーチ・デイ (live each day ?)」

10 / 4 , '19

①産業遺産コーディネーター (coordinator ?) の話

―「廃墟から遺産へ」

「産業遺産 + “coordinator”」は可能（？）

“coordinator” の日本語訳は、名詞で「調整役（人）」。筆者には意味が理解できない。

②演奏曲名

―「サンシャイン・レデイ (sunshine lady ?)」

10 / 18, ’19

①梅花女子大学教授の話 ―「若者を映す言葉」

下線部は漢字を当てないと、理解できない。

②「関西ストーリ（story ?)」

「関西 +“story”」は可能（？）

“story” の日本語訳は、名詞で「話、物語」。

③三木鮎郎さんの歌 ―「南の風が消えちゃった」(？)

④ピアノ演奏曲名 ―「青海原」(？)

11 / 8, ’19

①「今日が誕生日の方、ほんとうにおめでとうございます。今日が、ひときわいい日でありますように」

筆者なら

「今日が誕生日の方、おめでとうございます。今日が、いい日でありますように」と、言う。

②元レコード・デレクター (record director ?) の話

―「音楽ビジネス（business ?）を愛して 60 年」

「音楽 + “business”」は可能（？）

“business” の日本語訳は、名詞で、狭い意味の「仕事」から、広い意味の「店や会社」。さらには「取引き」まである。そうすると、「音楽関連の仕事」から、「音楽関連の店や会社」、さらには「音楽関連の取引」という日本語になる。このような日本語の、どれだろうか。

③クラリネット演奏曲名 ―「フィースト (feast ?)」

11 / 22, '19

①「シャンソン・フレンチ・ポップス集」

chanson（仏語？）French（英語？）pop（複数形にはならない）

筆者は、このような日本語（？）を聞くと、「勝手にしろ」と、言いたくなる。

②映画俳優の故高倉健さんが好きだった曲

―「ザ・ブルー・カフェ (the blue cafe ?)」

12 / 6, '19

①山中伸弥京都大学ｉｐｓ細胞研究所所長の話

―「ｉｐｓ細胞と生命医学の未来」

と、言ったのだろうか（？）

12 / 20, '19

①東洋文化研究者の話 ―「観光公害を乗り切る」（？）」

②サックス演奏曲名 ―「雪の花」（？）

1 / 3, '20

①「パラリンピック・銀メダリスト

・義足のアスリート」（？）

どこかで、小休止が必要。

②ピアノ演奏曲名 ―「シェリンダ（？）のテーマ」

1 / 18, '20

①誕生日の花「パフィオペディウム（迎氏は「パフィオペジウム」と発音した)」の英語は

“lady’s slipper”。迎氏は英語の [L] 音が、全くできないのでは。

②「長野県在住の方からお便り」

日本語の「在住」は、「ダイジュウ」ではなく、「ザイジュウ」と発音する。

2 / 7, ’20

①誕生日の花「タンポポ」の花言葉は「愛の ～ 」

下線部は何と言ったのだろうか（？）

②ウクレレ演奏曲名 ―「ハレルヤ」（？）

2 / 21, ’20

①誕生日の花「ミツマタ」の花言葉は「壮健」（？）

②歌 ―「雨にも負けず」（？）

③ピアノ演奏曲名 ―「エブリシング (everything ?)」

迎氏は英語の [TH] 音が、全くできないのでは（？）

3 / 6, ’20

①「地震考古学で探る未来の地震」

と、言ったのだろうか（？）

②キーボード演奏曲名 ―「満天ダンス」（？）

3 / 20, ’20

①市原悦子さんの歌で、「a half century of my ～」

より「翼」。下線部は、何と言ったのだろうか（？）

②オカリナ演奏曲名 ―「涼風」（？）

＊迎氏は、日本語表現の終わりが「タ」の時、「タぁ」とする妙な癖がある。

高校に入学したばかりの新１年生が、放送部への入部を希望する場合、在職中の筆者は、簡単な面談をした。その時、迎氏のように、日本語表現の終わりが「タ」の時、「タぁ」とするような話し方をした場合、放送部への入部を考える前に、その癖を直すことを助言する。

NHK には、高校生の放送部への入部資格にも欠けるような、女性放送番組担当者がいる。

村上里和氏

4 / 27, '18

①演奏曲名 ―「セビリア（地名？）の日の出」

5 / 11, '18

①「弁護士夫婦として」（？）

「夫婦とも弁護士として」の方が聞きやすい。

5 / 25, '18

①「タンゴ (tango ?) 名曲・名演集」

6 / 1, '18

①「全てのアンカーが､頑張って放送してまいります」

“anchor” というのは、放送番組における担当の一部門では（？）

②「ナマ・トーク（talk ?)」

「 生 +“talk”」は可能（？）

“talk” の日本語訳は、名詞で「話、談話、座談」。

「生ではない話、談話、座談」と、どのように区別するのだろうか。

③「バンブー・フルート」

(banboo flute ?) →「尺八」のことだろうか。

6 / 15, '18

①「世にも奇妙な洞窟探険家の話」

と､言ったのだろうか（？）

②「西郷輝彦アンド（and ?）三田明特集」

「西郷輝彦さんと三田明さんの特集」の方が、はるかに聞きやすい。

③ピアノ演奏曲名 —「ライオン・ハート(lion heart ?)」

6 / 29, '18

①「今日一日、お身体をいたわってお過ごし下さい」

「いたわる」→「労る」で、手元の国語辞典の説明は

「弱い立場の人を、同情して親切に扱う」あるいは

「下の人が努力した事について、苦労をねぎらう」

となっている。筆者は意味が理解できない。

②ハープ演奏曲名

—「ニュー・リーブズ(new leaves ?)」

7 / 27, '18

①「今日が穏やかで、優しい一日になりますように。

どうぞお元気でお過ごし下さい」

「優しい一日」とは、どのような日のことだろうか（？）

②「クラシック(classic ?)へのお誘い」

以前他の『ラジオ深夜便』担当者は、「クラシックへのイザナイ（誘い）」と、言っていました。同じ番組名でも、担当者によって異なった読み方をするのだろうか。

8 / 24, '18

①「サイコ（最古？）のガホウ（画法？）を現代に」

9 / 28, '18

①アツコ・トウコウ・フィッシュさんの

「フィッシュ・ファミリー財団」

と、言ったのだろうか（？）

②演奏曲名 —「山茶花」（？）

10 / 12, '18

①チェロ演奏曲名 —「朝靄（モヤ？）の中の疾走」（？）

10 / 26, '18

①「昭和歌年鑑往年の名歌手フランク永井さん」

「昭和歌年鑑 / 往年の名歌手 / フランク永井さん」

とする、はっきりした区切りが必要。

②「命をつなぐお魚ポスト」（？）

③「人形にこめる古都の美」（？）

11 / 9, '18

①暖房器具 "stove" の発音ができないのでは（？）

12 / 14, '18

①「大阪からバロック（baroque ?）音楽を広めて」

②演奏曲名

—「サンライズ・スマイリング (sunrise smiling ?)」

1 / 11, '19

①「鎮魂と希望の音楽」（？）

②演奏曲名 —「ダッスル」（？）

③演奏曲名 —「ライムライト (limelight ?)」

1 / 25, '19

①「『ラジオ深夜便』の 11 時前半」（？）

②ギター演奏曲名

—「モーニング・フライト (morning flight ?)」

2 / 15, '19

①「ここでお知らせをお伝えします」

このような日本語を、筆者は初めて聞きました。

②「来週は春を感じられる日もありそうです」

筆者は、このような日本語があったのだと、感心しました

3 / 1, '19

①「ほんとうに役立つ災害食」（？）

②演奏曲名 ―「サプライズ・アンド・サンライズ」

(surprise and sunrise ?)

③演奏曲名 ―「ウイニング・ラン (winning run ?)」

3 / 15, '19

①「名誉リサーチャー (researcher ?)」

「名誉 +"researcher"」は可能（？）

"researcher" の日本語訳は、名詞で「研究員」。

②演奏曲名 ―「リバティー (liberty ?)」

4 / 12, '19

①「音楽エミット (emit ?)」

「音楽 +"emit"」とはできない

"emit" の日本語訳は、他動詞で

発する、発散する、述べる

筆者には意味が理解できない。

②「一人でリフレッシュ (refresh ?) したい時に聞きたい曲」

"refresh" の日本語訳は他動詞で、「爽やかにする、元気づける」という意味だから

「"refresh"+ したい」とはできない。

③演奏曲名 ―「ワンダフル・デイ (wonderful day ?)」

5 / 1, '19（水曜日）

①「キモノ（着物？）会社社長の話」

②「トラベル・ソング・ア・ラ・カルト」

(travel song ?)　(à la carte ?)

ここは英語　ここは仏語

③ギター演奏曲名

—「フレッシュ・モーニング (fresh morning ?)」

5 / 10, '19

①「子育てリーアル・トーク (real talk ?)」

"talk"「談話あるいは座談」に、"real"「真の」と "false"「偽りの」の区別があるのだろうか。

②ピアノ演奏曲名 —「朝靄（モヤ？）の渚」

6 / 1, '19（土曜日）

①「童謡・アニメ・ソング (animation song ?) 歌手」

6 / 14, '19

①「古墳保存運動の先頭に立った人の話」

どこかで小休止が必要。

②ギター演奏曲名 —「アイランズ (islands ?)」

③ヴァイオリン演奏曲名 —「命のざわめき」（？）

6 / 28, '19

①ピアノ演奏曲名 —「彼方の光り」（？）

7 / 26, '19

①誕生日の花「ムクゲ」は、清楚な感じ

と、言ったのだろうか（？）

②フランスへの留学経験がある絵本作家の話

―「タブロー（仏語の “tableau” ?）の向こうで」
仏単語 “tableau” の日本語訳は、名詞で「絵」。
③ピアノ演奏曲名 ―「扉を開けよう」（？）

8 / 9, '19

①誕生日の花「ユウスゲ」の色は
「レモン・イエロー (“lemon yellow” ?)」。
②ヴァイオリン演奏曲名 ―「ロータス (lotus ?)」
＊ギター演奏曲名は、聞きとれなかった。

8 / 23, '19

①誕生日の花「ナデシコ」の花言葉は
「純愛」と「才能」と、言ったのだろうか（？）
②「皆さんの笑顔が、回りの人を、
明るく照らしますように」
この表現、大学生の時、どこかの教会で聞いたような気がする。
③演奏曲名 ―「遠くから遠くへ」（？）

9 / 13, '19

①誕生日の花「キキョウ」の英語は
“balloon flower”(?)
②尺八演奏曲名 ―「琥珀の道」（？）

9 / 27, '19

①誕生日の花「ハギ」の花言葉は、「思い」（？）
②詩人谷川俊太郎さんとのインタビューは
「ご自宅での収録でしたから、リラックスした雰囲気」
“relax” の日本語訳は、自動詞で「くつろぐ、気を楽

にする」だから

“relax”+「した雰囲気」とはならない。

③「マシュケの海（？）があったからこそ

私の料理人生」と、言ったのだろうか。

④「今夜のアンカーは

ヤマダ・トモキ（旭川放送局）アナウンサーです」

村上氏は、放送用英単語“announcer”と“anchor”の理解ができていないのでは。

⑤ギター演奏曲名 —「ルーム・サン・サン・ゴ」

(room ３３５？)

10 / 11, ’19

①「言葉の海に漕ぎ入れて

— 夜学生と見つめた戦後の日本」

これは理解するのが難しい。

②ギター演奏曲名 —「サン・イン・モントリオール」

英語としては不自然。“son or sun in Montreal”とはできない。

③ギター演奏曲名 —「レインボー (rainbow ?)」

10 / 25, ’19

①台風19号の被災者へ

「頑張りすぎないように

でもへこたれないで、お過ごし下さい」

手元の国語辞典には、「へこたれる」の掲載がないので、説明が必要。

②ギター演奏曲名

—「グッド・モーニング (Good morning. ?)」

③演奏曲名 —「ドーン (dawn ?)」

11 / 15, '19

①山中伸弥京都大学ｉｐｓ研究所所長の話

—「研究の原点・人生のモットー (motto ?)」

"motto" の日本語訳は、名詞で、ここでは「座右の銘」という意味だろうか。

②「馬術」

日本語の「馬術」は、「バジツ」ではなく、「バジュツ」と発音する。

③「関西ストリート（street ?)」

以前他の『ラジオ深夜便』の担当者は、「関西ストーリー」と言っていました。「関西ストーリー」のことでは（？）

＊外国語としての英語教育を、６年間受けても、英単語 "street" と "story" の区別がつかない英語感覚（？）

11 / 29, '19

①「女優大竹しのぶさんの（との？）インタービュー」

②大竹しのぶさんの歌 —「水に流して」(？)

③ピアノ演奏曲名 —「約束の朝」(？)

12 / 13, '19

①誕生日の花「ヤツデ」は

「オフ・ホワイト (off-white ?)」色の花。

②「愛しき命を見つめて、言葉を紡ぐ」(？)

筆者は、この日本語表現を聞いた時、暫く考えないと、意味が理解できなかった。

③キーボード演奏曲名

—「アフター・サンセット (after sunset ?)」

④演奏曲名 —「ニュー・ドッシェル（?）」

12 / 27, '19

①演奏曲名 —「空に咲く花」（?）

②チェロ演奏曲名 —「スノー・ビート (snow beat ?)」

1 / 10, '20

①誕生日の花「トキワコザクラ」の

花言葉は「富貴」（?）

②アコーディオン演奏曲名 —「再会」（?）

③ギター演奏曲名 —「ガーデン (garden ?)」

1 / 24, '20

①「奄美の唄を歌い継ぐ歌者」

と、言ったのだろうか（?）

②「ソング・ライター (song writer ?)」→

「作曲家」あるいは、「作詞家」のことだろうか（?）

③ギター演奏曲名 —「マコーミック」（?）

④ヴァイオリン演奏曲名 —「命の星」（?）

2 / 14, '20

①「術前、術後の放射線治療」

日本語の「術前」は、「ジツゼン」ではなく「ジュツゼン」、また「術後」は、「ジツゴ」ではなく「ジュツゴ」と発音する。

②演奏曲名 —「旅立ち」（?）

2 / 28, ’20

①ギター演奏曲名

—「ザ・サンセット・ヴァリー (the sunset valley ?)」

3 / 13, ’20

①誕生日の花「ユキヤナギ」は

「ショクサイ（植栽？）」されている。

②明日への言葉 —「ニュータウンに

「レモン（レモンの木？）を植えよう」

③ピアノ演奏曲名 —「かけがえのない日々」（？）

④ヴァイオリン演奏曲名

—「アナザー・スカイ (another sky ?)」

3 / 27, ’20

①誕生日の花「ヒアシンス」は

「ボリューム (volume ?) 感のある花の姿」

“volume” の日本語訳は、名詞で

体積、容積、かさ、量

ここでは、「形が大きい」という意味だろうか。

②「ビジット (visit ?) 八戸」

「“visit”+ 八戸」は可能（？）

“visit” の日本語訳は

名詞で「訪問」、動詞で「訪れる」

動詞として原形を文頭に置けば「命令文」。名詞としては、位置がおかしい。

③チェロ演奏曲名

—「スプリング・ローズ (spring rose ?)」

＊「娘に蕁麻疹がでました。季節の変わり目、どうぞ
　　皆さんも体調を崩されませんように」(9 / 14, '18)
「洗濯物がたまったので、早く片づけたい」
(9 / 28, '18)
「私の娘の学校では、プール教室が始まります」
(6 / 14, '19)

以上のことから村上氏は
「日本最も公私の区別がつかない
女性放送番組担当者」では（？）

＊時々金曜日担当の遠藤ふき子氏
6 / 7, '19
①サックス演奏曲名
―「ロード・ランナー (road runner ?)」
7 / 5, '19
①ピアノ演奏曲名 ―「夢で会った人」（？）
②演奏曲名 ―「夏色の風」（？）

＊ 時々金曜日担当の高橋淳之氏
5 / 24, '19
①ギター演奏曲名
―「モーニング・ビュー (morning view ?)」
5 / 31, '19

①サックス演奏曲名 —「モーニング(morning ?)」

1 / 31, '20

①演奏曲名 —「あなたしか見えない」(？)

②演奏曲名

—「トワイライト・ソリチュード(twilight solitude ?)」

＊時々金曜日担当の二宮正博氏

8 / 30, '19

①チェロ演奏曲名

—「ミスター・ローンリー(Mr. Lonely ?)」

隔週で土曜日担当

桜井洋子氏

6 / 23, '18

①「謎解きウタ言葉」

(歌?) あるいは (詩?) のどちらだろうか。

7 / 28, '18

①「昭和青春歌謡」

日本語の「青春」は

「セイシン」ではなく、「セイシュン」と発音する。

8 / 25, '18

①「運命は切り開くもの」(?)

9 / 29, '18

①「朗読シアター (theater ?)」

下線部は、ひどいカタカナ発音だった。

10 / 27, '18

①「童謡・唱歌・叙情歌謡曲集」

「ゆっくり、はっきり」の話し方が必要。

11 / 24, '18

①誕生日の花「ネリネ」の英語は、"diamond lily"(?)

12 / 29, '18

①「ハウタ (端唄?)・コウタ (小唄?)」

②「深夜便ビギナーズ (beginners ?)」

「深夜便 +"beginners"」は可能 (?)

"beginner" の日本語訳は、名詞で「初学者、初心者」。

手元の英和中辞典の例文は

This question is too difficult for a beginner.

（この問題は初学者には難しすぎる）

となっており、「ラジオ番組に関する初学者、あるいは初心者」とは言えない。従って

「深夜便＋“beginners”」とはできない

1 / 26, '19

①「若者・聞きもの・色もの」

と、言ったのだろうか（？）

2 / 23, '19

①ピアノ演奏曲名 ―「アンチェインジド・メロディ

(unchanged melody ?)」

4 / 27, '19

①誕生日の花「フジ」の花言葉は､聞きとれなかった。

②演奏曲名 ―「モーニング・イン・ザ・パーク」

(morning in the park ?)

5 / 25, '19

①「若者―聞きもの ― 落語」（？）

②高野進さん

―「オリンピック陸上ファイナリスト (finalist ?)

の証言」

手元の英和中辞典には、“finalist” の掲載がないので、説明が必要。

6 / 21, '19（金曜日）

①「ロマンティック・コンサート

(romantic concert ?)」

“romantic”の日本語訳は、形容詞で「空想的な、夢のような」。「夢のようなコンサート」という意味だろうか。

②ピアノ演奏曲名

—「フォーエバー・ラブ(forever love ?)」

7 / 27, ’19

①誕生日の花「マツバボタン」は

ブラジル原産、江戸末期、日本に来ました（？）

②演奏曲名 —「もうひとつの土曜日」（？）

8 / 24, ’19

①ギター演奏曲名

—「サタデイ・イン・ザ・パーク」

(Saturday in the park ?)

10 / 26, ’19

①台風19号で被害を受け、その後片付け中の方へ

「何かひとつでも

ほっとするようなことがありますように」

筆者には意味が理解できない。

②演奏曲名 —「チョーカン」（？）

11 / 23, ’19

①誕生日の花「ピラカンサ」の花言葉は、「慈悲」（？）

②「漫才はぼっけもん（ぼっけ問？）」

③「フランシスコ・ローマ教皇が今日日本を訪れます」

「教皇」→「ローマ法王の正称」の説明が必要。

④演奏曲名

—「落ち葉のコンチェルト（伊語の concerto ?)」

伊単語 “concerto” の日本語訳は

名詞で「演奏会、音楽会」

⑤演奏曲名 —「バース」

「誕生」の “birth”、あるいは「寝台」の “berth” のどちらだろうか。

12 / 28, ’19

①誕生日の花「ロウバイ」の花言葉は

「思いやり」と、もうひとつは聞きとれなかった。

②アニメーター (animator ?) の話

—「漫画・動画と共に歩んだ日々」

手元の英和中辞典には、“animator” の掲載がないので、説明が必要。

③オカリナ演奏曲名 —「愛の賛歌」（？）

④サックス演奏曲名 —「蛍の光」（？）

1 / 25, ’20

①誕生日の花は「フウキギク（富貴菊？」

②演奏曲名 —「愛の挨拶」（？）

＊「今、親知らずを抜くかどうか迷っています」を聞いて、筆者は驚きました (これでもプロの日本語放送番組担当者？)。

＊「昨夜からここまでのご案内は

桜井洋子でございました」

という番組の終わりに繰り返す言葉から、桜井氏は NHK 女性番組担当者の「ございます病患者」では（？）

土曜日月一回『関西発ラジオ深夜便』担当

住田功一氏

5 / 12, '18

①「メイショウ・メイエン（名唱名演？)」

8 / 11, '18

①「被爆の継承 ― その意味を問う」(？)

9 / 15, '18

①お米マイスターの話 ―「美味しいお米を届けたい」
(独語の "Meister"？)

独単語 "Meister" の日本語訳は、名詞で「名人、達人」。

10 / 13, '18

①演奏曲名 ―「エクリプス (eclipse？)」

11 / 10, '18

①「子守歌・童歌」→ ゆっくりめの言い方が必要。

②「村上里和アナウンサー」と言ったが、「村上里和アンカー」では（？)

1 / 12, '19

①演奏曲名 ―「エレジー (elegy？)」

2 / 9, '19

①サックス演奏曲名

―「シー・ワズ・ツー・グッド・ツー・ミー」

(She was too good to me. ?)

3 / 9, '19

①ピアノ演奏曲名 ―「ツー・アズ・ワン (two as one ?)」

4 / 13, '19

①「イタリア家庭料理研究家の ロザンナさん」

歌手だったあのロザンナさんが、イタリア家庭料理研究家に（?）

②サックス演奏曲名

—「ベルベット・イースター (velvet Easter ?)」

5 / 11, '19

①食物アレルギー対応の子供食堂

—「アレルギー・バージョン (allergy version ?)

"allergy version" というのは、「アレルギー版」という意味だろうか。

②サックス演奏曲名

—「フォーゲット・ザ・タイム (forget the time ?)」

6 / 15, '19

①「少しお便りを紹介しようと思いますが……」（?）

「お便りを２〜３紹介しようと思いますが……」

という意味だろうか。

②ピアノ演奏曲名 —「タウン・バイ・ザ・シーサイド (town by the seaside ?)」

7 / 13, '19

①「宇宙に思いを<u>はせて</u>」

下線部は「馳せる」で、「走る、走らせる」という意味だろうか（?）

②「深夜便ビギナーズの方へ —

事前の取材に<u>ご協力</u>頂ける方は……」

下線部を正しく発音できましたか。

8 / 10, '19

①「ジャズ (jazz ?)・フュージョン (fusion ?) 作品集」

手元の英和中辞典には、"jazz fusion" の掲載がないので、説明が必要

9 / 14, '19

①「ソール・バラード (soul ballad ?) 作品集」

"soul" は、ここでは "soul music" のことで、日本語訳は「黒人音楽」だろうか。"ballad" の日本語訳は、名詞で「俗謡、通俗曲」。筆者には意味が理解できない。

②演奏曲名 ―「オーバー・ジョイド (over-joyed ?)」

10 / 12, '19

①「プレ・イベント」

(pre-event ?) →「前夜祭」のことだろうか。

②演奏曲名 ―「青の呪文」(？)

11 / 9, '19

①ピアノ演奏曲名

―「ブラック・バード (black bird ?)」

12 / 14, '19

①演奏曲名

―「シル（あるいはチル？）・シクスティーン」

英語としては不自然。

英語で年齢を表す場合の時制は

過去 → She was sixteen then.（彼女はその時 16 歳でした）

現在 → She is sixteen now.（彼女は今16歳です）

未来 → She will be（あるいは She'll be）sixteen soon.（彼女はまもなく16歳になります）

これは中学校における英語の学習内容。住田氏はこのことが理解できていないことを、放送受信料支払者に対して恥もなくさらけだしている。『ラジオ深夜便』を隔週で水曜日担当の工藤三郎氏と共に

「恥を捨てれば生きられる」

NHK番組担当者の先導役を引き受ければいい。

1 / 17, '20（金曜日）

①歌 ―「我が心のマリア」（？）

2 / 15, '20

①誕生日の花「ニオイスミレ」は「スミレ」の一種。「スミレ」の英単語は、"biolet" ではなく、"violet"。

②「来て、見て、聞いて、東北の被災地へ」

ゆっくりめの話し方が必要。

③演奏曲名

―「エターナル・モーメント (eternal moment ?)」

3 / 14, '20

①演奏曲名

―「ラブ・イズ・ア・マター・オブ・ジス・ガイ」

(Love is a matter of this guy. ?)

中村宏氏

5 / 5, '18

①ピアノ演奏曲名

—「レフト・アローン・ツナイト (left alone tonight ?)」

6 / 16, '18

①「おいしい仕事に→コーヒー・ハンター」

(coffee hunter ?)

"hunter" の日本語訳は、名詞で、ここでは「(……をあさる人」だろうか。そうすると

「コーヒー・ハンター」→「コーヒーあさり人」

という意味だろうか。

7 / 21, '18

①「おいしい仕事に

— サンショウ（山椒？）に魅せられて」

8 / 4, '18

①「作家で綴る流行歌」

下線部を正しく発音できましたか。

9 / 22, '18

①誕生日の花は

「ナンバンニセン」と、言ったのだろうか（？）

10 / 6, '18

①「なつかしのエンターテインメント (entertainment ?)」

"entertainment" の日本語訳は、名詞で

（客の）接待、もてなし／娯楽、楽しみ、慰み

余興、演芸、宴会

このような日本語訳の、どれを当てるのだろうか。

10 / 20, '18

①ピアノ演奏曲名

—「恋人達のオクトーバー (October ?)」

11 / 17, '18

①誕生日の花「イソギク」は

ハチモノ（鉢もの？）や庭で､楽しむことができます。

②「美味しい仕事に — 飢餓ゼロを目指す」

「飢餓のない社会」という意味だろうか。

③ピアノ演奏曲名

—「ウイズ・ユア・ハート (with your heart ?)」

12 / 8, '18

①「神戸ルミナリエ（何語？）」

12 / 22, '18

①将棋士の話 —「私のガムシャラ（？）時代」

1 / 5, '19

①演奏曲名 —「大地の祈り」（？）

1 / 19, '19

①「ブランド苺で復興を支える」（？）

②ギター演奏曲名

—「オール・フォー・ユー (all for you ?)」

2 / 2, '19

①誕生日の花「セツブンソウ」の花言葉は

「コウキ」で、「高貴」、「光輝」、「好機」など沢山。

②演奏曲名 —「ファイア・プレイス (fire place ?)」

4 / 6, '19

①ピアノ演奏曲名 —「リリーフ (relief ?)」

4 / 20, '19

①「土を掘る技術」

日本語の「技術」は、「ギジツ」ではなく「ギジュツ」と発音する。

②サックス演奏曲名 —「ザ・ロード (the road ?)」

5 / 4, '19

①誕生日の花は「ハナミズキ」で、「ミズキ科の花」。

下線部は、話す時に何らかの工夫をしないと、聞きづらい。

②「チルドレンズ・ミュージック・ア・ラ・カルト」

(childen's music ?)　(à la carte ?)

この部分は英語　この部分は仏語

③チェロ演奏曲名

—「ビハインド・ザ・ミラー (behind the mirror ?)」

5 / 18, '19

①「お身体に気をつけて、がんばられて頂きたい」

筆者は、このような日本語を、初めて聞きました。

②「切れ味を売る — 包丁研ぎ師」(?)

6 / 8, '19

①「私の流儀、私の拘り」(?)

② JAXA シニア・フェロー (senior fellow ?) の話

—「はやぶさに込められた思い」

と、言ったのだろうか（？）

“senior fellow” の日本語訳は、ここでは「上級特別会員」だろうか。

③ギター演奏曲名 ―「空は藍色」（？）

6 / 22, '19

①ピアノ演奏曲名 ―「リンドバーグの翼」（？）

7 / 6, '19

①「明日は七夕。七夕より棚ぼたの方がいいと
言う中年の方がいます」

と、言ったのだろうか（？）

7 / 20, '19

①誕生日の花「ノウゼンカズラ」の英語は
“trumpet flower”(?)

8 / 3, '19

①「ナレーター(narrator ?)で声優のキートン山田さん」

“narrator” の日本語訳は、名詞で「語り手」。

＊サックス演奏曲名は、聞きとれなかった。

8 / 17, '19

①美味しい仕事に ―「農業でショク（食？）と
ショク（職？）をつなげたい」
と、言ったのだろうか。

②「NPO 法人・ノー・スクール (no school ?) 代表」

“no school” で学校が存在するのだろうか。

③ハープ演奏曲名 ―「アルハンブラ (地名？) の思い」

9 / 7, '19

①演奏曲名 ―「ブルース・フォー・マックス」

(blues for Max 人名？)

9 / 21, '19

①「のど自慢の観覧席に当たった方……」」

日本語の「観覧席」は、「カンロンセキ」ではなく、「カンランセキ」と発音する。

②「不便だから得られるもの

― フベンエキ（不便益？）の考え方」

と、言ったのだろうか。

③小林勝さんの話―「86歳の人生レシピー(recipe ?)」

「人生＋"recipe"」は可能（？）

"recipe" の日本語訳は、名詞で「調理法、こつ、秘訣」。

筆者には意味が理解できない。

④「エンジョイ・フュージョン・サウンド」

(enjoy fusion sound ?)

手元の英和中辞典には、"fusion sound" の掲載がないので説明が必要。

⑤演奏曲名 ―「この星に生まれて」（？）

10 / 5 , '19

①サックス演奏曲名

―「タイムズ・アゴー (times ago ?)」

10 /19, '19

①「歌声喫茶歌集」（？）

②サックス演奏曲名 ―「暗闇にさようなら」（？）

11 / 2, '19

①誕生日の花「イカドリ」の英語は “Amazon lily”(?)

11 / 16, '19

①葉加瀬太郎さんの演奏曲は「躍動的で流麗」
「流麗（りゅうれい)」の意味は
(文章・筆勢などが）のびのびとして
きれいな様子。
この説明が必要。

12 / 7, '19

①ピアノ演奏曲名 ―「コルトメ（？）の朝」

12 / 21, '19

①誕生日の花「ケヤキ」の花言葉は、「重厚」(？)
②国産チーズ専門店代表の話
―「チーズの声を届けたい」(？)
どこかで、小休止が必要。
③歌 ―「さやかに星がきらめき」(？)

1 / 4, '20

①アレックス・カーさんの話 ―「古民家一棟貸し」
と、言ったのだろうか（？)
②トランペット演奏曲名
―「ムーン・ビームズ (moon beams ?)」

1 / 11, '20

①演奏曲名
―「ザ・スターズ・ザ・サン・アンド・ザ・ムーン」
(the stars, the sun and the moon ?)

2 / 8, '20

①「障害者就労支援会社社長の話」
どこかで小休止を入れないと、聞きづらい。
②ピアノ演奏曲名 ―「スター・ランド (star land ?)」

2 / 22, '20

①誕生日の花「カンシロギク」の英語は
"chrysanthemum"(?)
②「ローマオリンピック・水泳・銅メダリストの
田中聡子さん（旧姓）」
下線部を正しく発音できましたか。
③ピアノ演奏曲名 ―「美しき日々」（？）

3 / 7, '20

①ピアノ演奏曲名」―「サイン (sign ?)」

3 / 21, '20

①トロンボーン演奏曲名
―「ハドソン・ブリーズ (Hudson breeze ?)」

＊時々土曜日担当の高橋淳之氏

9 / 1 , '18

①ギター演奏曲名
―「ティル・ディ・エンド・オヴ・タイム」
(till the end of time ?)

隔週で日曜日担当
後藤繁榮氏

5 / 20, '18

①ベンチャーズは

「レゼンド・オブ・ロック (legend of rock ?)」

"legend" の日本語訳は、名詞で、ここでは「伝説的な人物」という意味だろうか。

6 / 17, '18

①「胡弓奏者」(？)

②「脳科学者の話」(？)

7 / 1, '18

①演奏曲名 ―「ハロー・ミスター・サンシャイン」

(Hellow, Mr. Sunshine. ?)

7 / 22, '18

①「GPS 新時代がやって来る」

どのような英単語の頭文字だろうか (？)

②演奏曲名 ―「ソラ・そこにソラ」

「そら、そこに空」、あるいは「空、そこに空」の、どちらを言ったのだろうか。

8 / 19, '18

①「やっぱり本が好き ― 最近読んだ一押しの一冊」

「一押し」というのは、どういう意味だろうか (？)

10 / 7, '18

①「東京大学資料編纂シ (史)

あるいはショ（所）教授」の、どちらだろうか（？）

12 / 30, '18

①誕生日の花「ベニベンケイ」は「多肉植物」（？）

1 / 6, '19

①演奏曲名 —「ジョスラン（？）の子守歌」

1 / 20, '19

①ギター演奏曲名 —「オープン・スカイ (open sky ?)」

2 / 3, '19

①ピアノ演奏曲名 —「ヨカン」

「予感」あるいは「余寒」の、どちらだろうか（？）

2 / 17, '19

①「都市農園を、人生を豊かにする

アイテム (item ?) として」

"item" の日本語訳は、名詞で

項目、品目、細目、個条

このような日本語訳の、どれを当てるのだろうか。

②ピアノ演奏曲名 —「カバティーナ」（？）

3 / 17, '19

①「数学者で大道芸人のピーター・フランクルさん」

ピーター・フランクルさんの、数学者としての研究業績を、是非知りたい。

4 / 7, '19

①演奏曲名

—「フール・オン・ザ・ヒル (fool on the hill ?)」

4 / 21, '19

①「ディスコ・ミュージック（disco music ?）特集」

5 / 5, '19

①アスリート誕生物語 —

「体操の内村航平さんのお母さんの話」

体操の場合は、“gymnast” という英単語がある。

②サックス演奏曲名 —「ホームランド(homeland ?)」

5 / 19, '19

①ピアノ演奏曲名 —「バレンシャ」（？）

6 / 30, '19

①「チーフ・プロデユーサー(chief producer ?)」

“chief producer” の日本語訳は、「主任製作者」だろうか。どのような分野の “chief producer” だろうか。

7 / 7, '19

①誕生日の花「ヒルガオ」は、「地下茎とツルで増える」と、言ったのだろうか（？）

②演奏曲名 —「空と雲と友と」（？）

7 / 21, '19

①誕生日の花「ヤマユリ」の英語は “gold lily”(?)

7 / 28, '19

①誕生日の花「コマクサ」は、「タンコウショク」。

「淡黄色」あるいは「淡紅色」の、どちらだろうか（？）

②「マドロス（？）歌謡集」

③演奏曲名 —「レインボー(rainbow ?)」

9 / 1, '19

①演奏曲名

—「ロード・ツ・オアシス (road to oasis ?)」

9 / 8, '19

①演奏曲名 —「浜辺の歌」(?)

9 / 22, '19

①宇宙エレベータ協会会長の話 —「宇宙は今」(?)

筆者は、このような言葉を聞いたことがないので、理解できない。

②麹料理研究家の話 —「麹文化を世界へ」(?)

③演奏曲名 —「マンハッタン (Manhattan ?)」

10 / 6 , '19

①誕生日の花「ハゲイトウ」の英語は

"amaranthus"(?)

②「ニヒル(?)を体験した男 — 成田三樹夫」

③ピアノ演奏曲名 —「ファンタジア (fantasia ?)」

10 / 20, '19

①往年の名歌手春日八郎さん

日本語の「歌手」は、「カシ」ではなく、「カシュ」と発音する。

②演奏曲名 —「ハート (heart ?)」

11 / 3, '19

①誕生日の花「菊」の花言葉は、「私は愛する」。

「私は愛す」とは異なるのだろうか(?)

②演奏曲名 —「短くも美しく燃え」(?)

11 / 17, '19

①チーズ・コンセルジェ(何語?)の話

―「チーズの心を届けたい」

②ギター演奏曲名 ―「思いの届く日」（？）

＊担当日の日付を間違え（前日の 11 月 16 日と言ってしまった）、すぐに言い直した。筆者はとても驚きました。

12 / 1, '19

①誕生日の花「ペラチオール・ベゴニア」の「ペラチオール」は、「高貴な」という意味らしいが、何語（？）

②「近々行われる『ラジオ深夜便』に出席するのは、森田美由紀アンカーと後藤繁榮アンカー」と、自分のことを聴取者に向かって、「後藤繁榮アンカー」と言った言語感覚に、筆者は驚きました。

③演奏曲名

―「ダブル・ポートレイト (double portrait ?)」

12 / 8, '19

①世田谷一家殺人事件被害者家族の話

―「怒りより悲しみへの共感を」

どこかで小休止を入れないと、聴取者は理解しにくい。

②バイオリン演奏曲名 ―「あの頃の日曜日」（？）

12 / 22, '19

①「食品ロス (loss ?) を減らしたい」

"loss" の日本語訳は、名詞で「損失、損害」。筆者には意味が理解できない。

②フルート演奏曲名 ―「あの日に帰りたい」（？）

③演奏曲名 ―「マイ・ロマンス (my romance ?)」

1 / 5, '20

①「ラジオ深夜便の集い」

日本語の「深夜便」は、「シンヤベン」ではなく、「シンヤビン」と発音する。

1 / 19, '20

①「美味しい仕事人」あるいは「美味しい仕事に」

の、どちらを言ったのだろうか（？）

②「琉球箏曲家」（？）

③演奏曲名 —「優しさを求めて」（？）

2 / 2, '20

①「作家で綴る流行歌」

下線部を正しく発音できましたか。

②ピアノ演奏曲名 —「夢で会った人」（？）

2 / 16, '20

①誕生日の花は

「レンテン・ローズ」と、言ったのだろうか（？）

②アーバン・ファーマーズ・クラブ代表の話

(urban farmers' club ?) —「渋谷に畑を」

"urban" の日本語訳は、形容詞で「都市の」。

"farmer" の日本語訳は、名詞で「農場経営者」。

筆者には意味が理解できない。

③演奏曲名 —「カミング・ホーム (coming home ?)」

3 / 1, '20

①演奏曲名 —

「ホーム・スイート・ホーム (home sweet home ?)」

3 / 8, '20

①誕生日の花「コブシ」は、「落葉高木」（？）

②「芸能シーン(scene ?) の指導をされている 〜 」

少し工夫をしないと、聴取者は聞きとりにくい。

③ハープ演奏曲名

—「ダイアモンド・ダスト (diamond dust ?)」

3 / 22, '20

①「千年産業の農業に賭ける」

と、言ったのだろうか（？）

②「量子コンピューターが変える時代」

と、言ったのだろうか（？）

③ピアノ演奏曲名 —「愛情物語」（？）

＊後藤氏は大学卒だろう（？）大学で何を専攻したのだろうか(？)「言語感覚の幼稚さ」に、筆者は驚くばかり。

森田美由紀氏

4 / 15, '18

①「ロック・ミュージシャン (rock musician ?)」
と、言ったのだろうか。これは、発音が極めて難しい。

5 / 13, '18

①誕生日の花は「ドイツアヤメ」で、英語は
“German iris”(?)

5 / 27, '18

①「ＩＯＴで変わる生活」
下線部は、どのような英単語の頭文字だろうか（？）

6 / 24, '18

①「書家でアーティスト (artist ?)」
“artist” は、「芸術家」という意味だから、「書家というのは芸術家に含まれる」のでは（？）

7 / 29, '18

①誕生日の花の名前「チングルマ（？）」が、よく聞きとれなかった。

8 / 12, '18

①誕生日の花は「オニユリ」で、英語は “tiger lily”(?)

9 / 9, '18

①誕生日の花は「ハナシュクシャ」で、英語は
“butterfly lily”(?)

9 / 23, '18

①「日本科学未来館コミュニケーター

(communicator ?)」

手元の英和中辞典には、“communicator” の記載がないので、説明が必要。

10 / 20, '18

①「朗読は徳田章アナウンサーです」と言ったが、「徳田章アンカー」では。

11 / 25, '18

①演奏曲名 ―「落葉の舞」（？）

12 / 9, '18

①誕生日の花「スイセン」は

「ゲンカンのさなかジュスイしてしまいます」
(厳寒)　(入水)

これは、聞きとるのが難しい。

1 / 13, '19

①ギター演奏曲名 ―「ハッピー・デイ (happy day ?)」

1 / 27, '19

①誕生日の花「キンカン」は

「白いゴベン（ 5弁？）の花」

2 / 10, '19

①「北海道の最高（最低？）気温が

零下 10 度を下回る」

②聴取者が

「～ という曲を、途中から聞かれたようです。

次の回に、またかけさせて頂きたいと思います」

筆者は、このような日本語を聞くと疲れる。

3 / 10, '19

①「リスナー (listener ?) からのお便りと

リクエスト (request ?)」

森田氏が、英語の [L] 音と [R] 音に、いかに無頓着であるかを示した例。

4 / 14, '19

①演奏曲名 ―「スパイラル・ダンス (spiral dance ?)」

5 / 12, '19

①ヴァイオリン演奏曲名 ―

「ア・タッチ・オブ・ブリーズ (a touch of breeze ?)」

7 / 14, '19

①「プログレシブ・ロック (progressive rock ?)」

"progressive" の日本語訳は、形容詞で、ここでは「進歩的な、革新的な」だろうか。

"rock" は "rock music" のことだろうが、筆者には意味が理解できない。

②フェンシング元日本代表太田雄貴さんのお父さんの話

―「アスリート誕生物語」

どこかで小休止を入れないと、聞きづらい。

③演奏曲名 ―「風のように」(?)

8 / 11, '19

①演奏曲名 ―「夏は緑」(?)

＊ピアノ演奏曲名は、聞きとれなかった。

9 / 15, '19

①フランク・シナトラの曲 ―

「テイク・マイ・ラブ」、「ラブ・オブ・マイ・ライフ」
(take my love ?)　　　(love of my life ?)

②演奏曲名
―「ドリーム・フォーエバー (dream forever ?)」

11 / 10, '19

①「五木寛之さんの千夜一話」（？）
②演奏曲名 ―「落ち葉の舞」（？）

1 / 12, '20

①フルート演奏曲名 ―「回想」（？）

2 / 9, '20

①演奏曲名 ―「愛のファンタジー」（？）

3 / 15, '20

①「能楽師、狂言方、～ 流の ～」
と、言ったのだろうか（？）
②ピアノ演奏曲名 ―「春の野を行く」（？）
下線部を話す時は、少し工夫が必要。

＊森田氏は
今の時代、少なくとも外国語としての英語の実用知識が要求される、典型的なNHKの番組担当者
では（？）

＊時々日曜日担当の柴田祐規子氏

4 / 28, '19

①「ラジオ深夜便は

今夜も午後 11 時からの放送です」

自分の言っていることを録音して､聞いてみれば（？）

5 / 26, '19

①「物語ストーリー (story ?) の歌」

“story” の日本語訳は、名詞で

（架空の）物語、（事実を伝える）話

「物語」を、２度言ったことになるのでは（？）

②「外にお出かけの際は熱中症対策を」

自分の言っていることを録音して､聞いてみれば（？）

6 / 23, '19

①ピアノ演奏曲名 ―「朝焼けの呟き」（？）

8 / 25, '19

①ギター演奏曲名 ―「いそしぎ」（？）

②演奏曲名 ―「カミング・ホーム (coming home ?)」

③演奏曲名 ―「ポートレート (portrait ?)」

9 / 29, '19

①「私のペットのよもやま話」

「よもやま」の意味は「世間」。この説明が必要。

②ヴァイオリン演奏曲名 ―「思い出」（？）

10 / 27, '19

①「聞き逃しサービスは、クリアな音声で

好きな時に聞くことができます」

下線部は余分では（？）

②ピアノ演奏曲名 ―「モーツァルトの子守歌」（？）

11 / 24, '19

①誕生日の花「ネリネ」の英語は “diamond lily”（？）
②ギター演奏曲名 ―「翼」（？）
③演奏曲名 ―「ヒーロー (hero ?)」

12 / 29, ’19

①「そろそろエンディングのお時間となりました」
筆者はこの日本語（？）を聞いて、驚きました。
②ピアノ演奏曲名 ―「青い影」（？）
③ヴァイオリン演奏曲名 ―「時代」（？）

1 / 26, ’20

①「サイエンスは今 ― VR , AR の可能性」
下線部は、どのような英単語の頭文字だろうか（？）
②篠笛演奏曲名 ―「夢色紀行」（？）
③ピアノ演奏曲名
―「ウインター・ロマンス (winter romance ?)」

2 / 23, ’20

①誕生日の花「オウバイ」の英語は
“winter jasmine”（？）
②「ロック・アーティスト (rock artist ?) の
バラード (ballad ?) 集」
「ロック歌手による俗謡、通俗曲集」
という意味だろうか。
③ヴァイオリン演奏曲名 ―「あの頃の日曜日」（？）
④演奏曲名 ―「メモリー・オヴ・チャイルドフッド」
(memory of childhood ?)

3 / 29, ’20

①フルート演奏曲名 ―「卒業写真」(?)
②ピアノ演奏曲名 ―「美しい季節に(?)

以上の記録から
(4年制大学で英語を専攻。卒業後高校で英語教育を30年間担当し、その間の11年間は、放送部員への助言を行った)筆者は

「これでも、プロの日本語放送番組担当者の言葉」(?)
言い換えれば

「放送受信料を徴収して行う放送局の
日本語放送番組担当者としては不適格」

と、言わざるをえない。以下その根拠を示す。

❶「英単語をカタカナに変えての誤用」
(これは許されないこと)
❷「カタカナに変えた英単語+日本単語の造語」
(聴取者が、番組内容を理解するのを困難にしている)
❸「和製英語」
(中・高校における英語の授業中、「誤用」と教わっているはず)
❹「英語の曲名を、カタカナ発音で紹介している」
(英語らしく発音し、日本語訳を添えなければ、

曲名を伝えることはできない)。

このようなことは

我が国の、中・高校における外国語としての英語授業では、「許されない」ことになっている。それにもかかわらず、多数のNHK番組担当者が実行していることは、英語の授業内容が理解できていないことを、恥もなくさらけ出し、英語教育担当者の教育活動を、否定している。

それでも総務大臣は(国民の納めた税金から、高額の報酬を受け取り)、NHKの放送受信料を徴収しての事業を認可している(総務大臣とNHKの馴れ合いでは?)。その結果

「日本語の誤用及び英語教育への妨げ」が

まかり通っている。

このことは、違法行為ではないとしても

「日本国民への背信行為」であり

「総務大臣の懲戒処分、及び

総務大臣を任命した総理大臣の任命責任」

は、逃れることはできまい。

本章の「人は恥を捨てれば生きられる」表彰台の、最も高いところに立つのは、総務大臣。それに続くのは、

NHK 会長と多数の番組担当者。
　これを見た我が国在住の外国人の方々にとって

　　日本という国では、約 95 パーセントの国民が、義務教育を終えた後、高校へ進学し、卒業する。そこでは、総務大臣が放送受信料を徴収しての事業を認可した NHK という放送局で、多数の番組担当者が

　　カタカナが入り交じり、理解できない、おかしな日本語を話している。それでも何ら問題とはならない、日本という国は、不思議な国である。

言い換えれば

　　日本という国の教育は、中身のない形式だけのもの。当然、総務大臣と国民の知的水準はこの程度。

という「嘲笑のまと」だろう。

　高校の英語教育を 30 年間担当した筆者には、見逃すことのできない問題点はまだ続く。
「番組担当者の用いる言葉」の中で、「英単語をカタカナに変えての誤用」、「和製英語」は、大きな問題点である。例えば
　　　　　英単語 “artist” の日本語訳は

「芸術家、特に画家」となっている。
ところがNHK番組担当者は、“artist”を「歌手」あるいは「俳優」にも用いている。このような例を、筆者は多数指摘している（前著『NHK民営化論』)。

従って、英語を母国語とする複数（少なくとも米国人、英国人、豪州人の教育関係者３名）に「英語の世界で通用するかどうか」を問い合わせ、回答する義務がある。「英語の世界で通用しない」場合、その責任者の懲戒処分は、免れないだろう。

＊商品（例えば食品）を購入すると、包装紙には
万一不良品がございましたら、お送り下さい。折り返し郵送料と代替品をお送りいたします。

のように記されている。

放送受信料支払者の筆者（購入者）は、著書５冊で、多数のNHK番組担当者の「日本語の誤用及び外国語教育への妨げ」を、指摘した（不良品の指摘)。

NHKの回答あるいは反論に、正当性が認められない場合は、当然「放送受信料の返金」（郵送料と代替品）になるだろう。

「時は金なり」という諺がある。筆者への慰謝料は100,000,000円を下ることはなかろう（後期高齢者にとって、貴重な約10年間を無駄にした)。また放送受信料支払の約数千万世帯への返金も、一世帯あたり数

十万円になるだろう。NHK はこの問題を先送りすればするほど、返金の額は嵩むことになる。

II。続筆者の独り言

1.「日本社会のカラクリが見える」

それ（NHKの民営化）は、筆者の「『NHK番組担当者の日本語の誤用及び外国語教育への妨げ』の指摘」（3/3, '14に対し

……個々の著作物の内容について
ＮＨＫとしての見解を申し上げることは
差し控えさせていただきます。

という、岡田多行氏（NHK放送センター）の返信で、始まった（外部からの問題点指摘に、耳を傾けないNHKが堕落・腐敗し、崩壊するのは当然の成り行きだろう）。

岡田多行という鉄砲玉を使い、筆者の指摘する「NHK番組担当者の言葉に関する問題点の指摘」を消した（なかったことにした）。親分（NHK会長）は裏で知らぬ顔（？）

これが「まかり通る」ならば、日本は「暴力団国家」だろう。

筆者は、日本国民の一人として、日本国憲法第20条に規定されている「表現の自由」を行使し

「NHK番組担当者の

日本語の誤用及び外国語教育への妨げ」

を、指摘した（筆者の「表現の自由」には、NHKの回答を要求しているので、それがなければ、「表現の自由」を行使したことにはならない）。

NHK会長というのは、日本国憲法第20条の解釈もできないらしい。

筆者は「NHKの堕落と腐敗」を、以下のように纏める。

多数の番組担当者の

①高校生向け放送コンテストへの、出場資格にも欠ける「日本語感覚」。

②英語アルファベット、単語、曲名を、英語の発音とはかけ離れた、カタカナ発音をしている。そのうえ、放送用基本英単語の意味も、理解できていない（これは致命傷）「外国語としての英語感覚」。

このようなことから、番組担当者の採用に関し

「募集要項、採用試験内容

採用決定過程は、疑惑だらけ」

となる。

以上の問題点に筆者は、「日本社会のからくり」を見る。すなわち

中・高校の英語教育担当者は、英語を母国語とする人との協同授業で、「コミュニケーションの手段としての英語教育を、学習者の前で実践している（単独で授業を行うより、はるかに負担が大きい)」。

↓

このような英語教育担当者の教育活動を、多数のNHK番組担当者は、否定している。言い換えれば、中・高校における英語授業内容の

「(語法に関し）和製英語という名のもとに

誤用を誤用ではない」

とし、また

「(発音に関し）してはいけないことを実行している」

多くの中・高校生は、「学校での学習内容は、一歩教室の外に出れば、多数の大人達が理解できていない」ことに気づく。そのことは、「授業の取り組みが、形式的もの」になる。他方、中・高校の英語教育担当者は、「教育内容が教室内だけのものでよければ、手抜きをするようになるだろう（特に発音指導)」。これでは、中・高校における英語教育は成り立たなくなる。

「英語教育の効果が上がらない」と言って、文部科学省は、英語教育の学習開始を、小学校高学年に引き下げた（文部科学省の、「お門違い」は甚だしい。こ

の時点で、「外国語教育を選択教科」にすべきだった）。

↓

英語教育教材関係業者は、笑いが止まらない。

（我が国における外国語としての英語教育の変遷は、英語教育教材関係業者の、利益増収を目的としたものではと、疑われる）。

以上のことから、「日本社会のからくり」を纏めると

総務大臣が放送受信料を徴収しての事業を認可したNHKでは、多数の番組担当者が日本の英語教育をぶち壊す。文部科学大臣はそれを修復するように見せかけて、実は英語教育教材関係業者への便宜を図っている。

総務大臣と文部科学大臣は、日本国民を欺くこのようなことを、いつまで続けるのか。

筆者は「NHK番組担当者の日本語の誤用及び外国語教育への妨げ」を、今までに出版した自著4冊で指摘してきた。これほどまでに、自著に頼らなければならなかった理由は

我が国におけるマスコミ（新聞、テレビ、ラジオ）は、NHKに関することには手が出せない（批判的なことはできない）。

と、推測したからである（某新聞の投稿欄には、何度も

投稿したが、採用されなかった。福岡県内にある複数の民放には、問い合わせをしたが、返答はなかった)。

NHKは「総理大臣の任命した総務大臣が
認可して放送事業を行っている」
ので
「総理大臣と総務大臣が絡めば
我が国のマスコミは手を出せない」
となれば、問題は大きい。なぜなら
「我が国の民主主義の根底を揺るがす」
ことになる。

おかしな日本語がまかり通り、母国語を大切にしない国民からなる国家（日本）の末路は
亡国の国家（日本）
だろう。

＊付記
「日本語軽視」の傾向は
「我が国の多くの国会議員にも及んでいる」
と思われる。

2019年7月に行われた参議院選挙の直前、筆者は前著『NHK民営化論』1冊を、立憲民主党の東京本部へレターパックで郵送した。その目的は、選挙後、党の活動方針を話し合う会議があるだろうから、その際「NHK

民営化」を、議題のひとつとしてもらえないかという、問い合わせだった（活動方針にしてくれとは言っていない。あくまで､議題のひとつに取りあげてもらえないか、だった。）

しかしながら、立憲民主党からは、何の返事もなかった。従って、この政党は

「NHK に関する問題には関心なし」

と筆者は推測した。

厳めしい肩書きをつけ、国民の支払った税金から高い報酬を受け取り､行っている政治活動は何だろうか（？）我が国の国会議員全体の、「政治感覚」が見えた。

2.「日本式英語教育」の行き詰まり

文部科学省が
「2020年度から、大学入試共通テストの英語は
民間テストの導入予定」
を発表した時点で、筆者は
「文部科学省による高校英語教育の放棄」
と判断した。

筆者の高校英語教育担当期間は30年。3年生の授業を担当した時、以下のような経験がある。

正課授業中、何人もの生徒が、教科書は机の片隅に置いたまま、やや小さめの本に注目していた。そのうちの1人の机に近づいてみると、生徒が熱心に見ていたのは
「大学入試に最も出題される英単語3000」
だったと思う。大学入試共通テストの英語が民間テストになれば、生徒達が教科書より優先して取り組むのは
「大学入試共通テストに採用される
民間業者による英語テスト問題集」

建築業界では、工事を引き受けるのは、大手建築業者。ところが仕事を実際担当するのは、下請け業者、更には

孫受け業者、だと聞いている。

文部科学省が、「大学入試共通テストの英語は民間テスト」にすれば、顔の見えない方々が問題の作成・実施に、当たることになる。

筆者はこのことを

「文部科学省による高校英語教育の放棄」

とした。

各大学の英語教育担当者は、面倒でも

「コミュニケーションの手段としての英語テストを

作成、実施、採点、結果発表」

まで、責任を負うべきだろう。教育を手抜きすれば、当然その結果が、跳ね返ってくる。

1. 文部科学省検定済 2019 年度 中学校２年用教科書 *NEW HORIZON English Course 2* （東京書籍発行）の問題点

（1）I'm Ando Saki.(p.4.)

英語の中で、日本人名を「姓 + 名」にしてはいけないことは、前著『NHK 民営化論』の、「2018 年度中学校 1 年用英語教科書 *New Horison English Course 1*（東京書籍発行）は使えない」で、すでに指摘した。ここでは、筆者の経験に基づく、その例を紹介する。

30 年間高校の英語教育を担当した筆者は、約 10 人の英語教育指導助手（ALT—Assistant Language Teacher）とティーム・ティーチング（team-teaching 一協同授業）を行った。 最初の授業では、ALT の自己紹介から始める。その後、数名の学習者に、同じように自己紹介をしてもらう。その時、中学生で *New Horison English Course* を使って学習し

「My name is 姓 + 名」あるいは「I am (I'm) 姓 + 名」とした場合、筆者は

「My name is 名 + 姓 」あるいは「I am (I'm) 名 + 姓」とするよう指導する。その理由は

英語を母国語とする方々や、筆者の年代の日本人が

英語で自己紹介する際は
「My name is 名 + 姓」あるいは「I am (I'm) 名 + 姓」
とするからである。
このような指導を怠ると、後で困ることになる。英和辞典には

be on first name terms with ～

という説明がある。よほど形式ばった場面でなければ、自己紹介の後、英語を母国語とする人達は、日本人に "first name" で呼びかけてくる。筆者は日本人だから、日本人名を聞いただけで、どちらが姓で、どちらが名かの判断はつく。しかしながら、日本人以外は、そのような判断はできず、いちいち

Which (of the two) is your first name?

と、質問せざるをえなくなる。さらに理解し易くするために、以下の例をあげる。

洋食レストランでは通常、客がテーブルにつくと、正面に受け皿、右側に複数のナイフ、左側に複数のフォークが並べられる。ところが少数ではあるが、日本人客の中には
「左側にナイフ、右側にフォークを置くように」
と、言う客がいたとする。
そうなると、レストランのテーブル担当者は、日本人客ひとりひとりに
「ナイフとフォークは、どちら側に並べますか」

と、尋ねざるをえなくなる。

このような無駄をしろと、言うのだろうか。

「コミュニケーションの手段としての英語は

借り物である」

借り物を修正する場合は、貸し主に許可を求めなければなるまい。少なくとも我が国と交流の盛んな、アメリカ合衆国、イギリス、カナダ、オーストラリア，ニュージーランドの国々には

日本人が英語で自己紹介をする時は

「My name is 姓＋名」あるいは「I am (I'm) 姓＋名」と、連絡すればいい。筆者がそのような連絡を受ける立場なら

「勝手にしろ」

と返答する。

この混乱を

笠島準一上智大学名誉教授、それに文部科学大臣は

どのように責任をとるのだろうか。

＊毎日午後7時から始まるNHK総合テレビ番組『ニュース7』（二カ国語放送の英語）では、それまで（2020年3月まで）に

Prime Minister Shinzo（晋三）Abe（安倍）

としていたものを、2020年4月より

Prime Minister Abe（安倍）Shinzo（晋三）

に変えた。同じ番組の中で、アメリカ合衆国大統領は

President Donald（名）Trump（姓）

と言う「不自然さ」に、気づかないほど聴取者は愚かではない。

NHK 衛星第 1 テレビ番組『PBS NEWSHOUR』（火曜日～金曜日の 16 時から約 30 分間）を担当する Ms. Judy Woodruff は、番組の中で、「新型コロナウィルス感染症予防対策に関する、日本の取り組み」に言及した時

Prime Minister Abe（姓）+ Shinzo（名）

<u>ではなく</u>

Prime Minister Shinzo（名）+ Abe（姓）

と、言っている（4 / 7, ’20),(4 / 14, ’20),(4 / 17, ’20）

“Prime Minister Abe（安倍）Shinzo（晋三）”は、日本国内向けの英語表現である。「日本国内向けの英語表現」など、必要ない。なぜなら英語は、日本国内では公用語でもなければ、第 2 言語でもない外国語にすぎない。日本国内用のコミュニケーションの手段は、「日本語で充分」である。

「日本式英語がアメリカ合衆国の英語に逆らって
勝てるはずはなかろう」

(2) I went to Midori Amusement Park
with my friends during spring vacation.(p.5.)

期間を表す前置詞 “during” の目的語 “spring vacation” を、形容詞や冠詞なしに、そのまま置いている。高校に入学後、英和辞典を用いての学習になった時、以下のように冠詞付きの例文を、参考にせざるをえなくなる。

I stayed in New York during the vacation.
（私は休みの間
　　　　ずっとニューヨークに滞在していました）
We talked about our tour during the meal.
（食事の間中私たちは旅行のことを話した）
A friend of mine came to see me during the day.
（昼間友人が私に会いにきた）
During the night rain changed to snow.
（夜の間に雨が雪に変わった）

(3) My family is poor,
but I learn music thanks to a special program.
(p.116.)

細かいようだが、“thanks” の前にカンマを入れると、意味が纏まり、以下の例文のように、理解し易くなる。

We had to stay there for two days, thanks to the heavy rain.

（大雨のおかげで２日もそこで足どめをくらった）

Thanks to her help, I was able to finish it in time.

（彼女のおかげで
それを時間までに終えることができた）

2. 文部科学省検定済 2020 年度中学校 3 年用教科書 *NEW HORIZON English Course 3*（東京書籍発行）の問題点

（1）<u>I'm going to talk about Canada</u>. Look at the map and the table.（p.4.）↓

<u>I talk about Canada</u>. あるいは <u>Let me talk about Canada</u>.

"be going to ～ " という「近接未来」の用法は

I'm going to keep playing volleyball.（p.96.）

ならかまわない。なぜなら、近接未来という時間差が、感じられるからである。

＊在職中、英語を母国語とする何人もの英語教育指導助手と、協同授業を行った。その中の 1 人英国人女性は

Let me tell you a little about myself.

と言って、自己紹介をした。筆者はこの経験から、「直後の未来の現在形」と「近接未来の "be going to ～ "」を区別している。

（2）"Yes. It was <u>some</u>（→ <u>about</u>）seventy years ago.

I heard a lullaby that night, too."（p.54.）

手元の英和中辞典によれば、“some” の用法は

①（いくらかの）という意味の形容詞として

I can see some old women under the tree.

（木陰に数人のおばあさんたちがいるのが見えます）

②（いくらかの）という意味の不定代名詞として

He ate some of it.（彼はそのうちのいくらかを食べた）

③（約、およそ）を意味する副詞として

It is some twenty miles.（約 20 マイルです）

となっている。

他方 “about” の用法は

①（およそ）という意味の副詞として

I'm about ready.（ぼくはだいたい用意ができた。）

となっている。

以上の例文から、“some” は

（いくらかの）という意味の形容詞

あるいは不定代名詞としての用法

を学習させることが先で

（約、およそ）を意味する副詞としての用法

は、高校入学後でよいだろう。

（3）From your biggest fan（p.32.）

your big fan

「“the”+ 形容詞の最上級 + 名詞」の用法は通常

Tom is the tallest boy in the class.

（トムはクラスの中でいちばん背が高い）
のように、「～の中でいちばん～」という意味。ところが

your biggest fan

は、「あなたの大ファンです」という、「単に非常に高い程度示す最上級」であり、中学３年生が区別して学習するには、難しすぎる。

（4）Mrs. Walker → Ms. Walker（p.81.）

手元の英和中辞典によれば、“Ms.” というのは、以下のような説明になっている。

Miss と Mrs. とを合体したもので、その女性が結婚しているかどうか不明のとき、または既婚・未婚の区別をしたくないときに用い、この傾向が強くなっている。

＊付記

筆者の著書はこれが最後と思われる。前著『ＮＨＫ民営化論』で

文部科学省検定済の意義崩れたり
2018 年度中学校 1 年用英語教科書
NEW HORIZON English Course 1 は使えない

として、５つの大きな問題点を指摘している。従って、この教科書の編集責任者、笠島準一上智大学名誉教授の

回答をお願いする。もしできない場合は、筆者の問題点指摘に正当性を認めざるをえなくなる。その場合は、「文部科学省検定済」とした、文部科学大臣の責任逃れはできまい。

3.「日本式英語教育の行き詰まり打開」のための改革私案

「公募で研究業績により採用された大学教授」、からはほど遠く、「英語と英語教育」に関し、甚だ知識、常識に欠けると思われる笠島準一上智大学名誉教授が、中学校用英語教科書の編さんに携わった。

それを東京書籍株式会社は、2018年度中学校1年用教科書 *NEW HORIZON English Course 1* として出版した。ところがこの教科書には、重大な問題点が幾つもあり、使えない（2019年4月、鳥影社より刊行された拙著『ＮＨＫ民営化論』参照）。それにもかかわらず、この出版社は強力な癒着力（？）で、「文部科学省検定済」のみならず、「北九州市教育委員会採択」まで手に入れた（人間社会における「強力な癒着力の成分」は、誰にでも容易に推測できる）。

北九州市内の公立中学校に勤務する、多数の英語教育担当者は、おかしな教材を含む教科書を使うことに、誰一人として反対の声を上げなかったのだろうか。

このことは、我が国の外国語としての英語教育が、「もはや、教育行政のみならず、教育担当者にも頼ることができない」という、まさに「日本の英語教育の行き詰まり」を象徴する、典型的な一例ではなかろうか。

筆者はこのようなことをすでに、朝日新聞論壇「高校英語教育は学習指導要領逸脱　なぜ他の外国語を学ぶ機会を与えないのか」(1980年3月9日付西部本社版朝刊)で、指摘している。

　このような状態になった原因は、簡単に推測できる。即ち、「ひとつの外国語にすぎない英語を、義務教育の中学生に強制した」ことだろう。

　　英語教育関係業(教育担当者を始め教材関係出版業)
　であれば、需要がなくなることはないだろう（中学校
　から大学まで)。

という長年の慣行ができあがり、定着してしまった。人間社会であれば、そこには自然に「癒着」体制ができあがる。

　それを断ち切るには、外国語教育の基本

1．外国語は選択教科であり、履修するしないは、学習者が決める。
2．履修する場合、学習者は外国語を選択し、理解度を考慮しながら、どのレベルまで学習するかを決める。

に戻るしかないだろう。

　筆者は外国語教育の原点（あるいは理想）を、1975年度「米国における英語研修講座」に参加し、実感した。

　ノースカロライナ州、シャーロッテ市にある、イースト・メックレンバーグ・ハイスクールで、始まったばかりだった新学年の最初の２週間、学校見学の機会を持った。

西語を選択・履修していた生徒の一人に、その理由を質問した。返答は、「アメリカ合衆国と陸続きの中南米で用いられている言語だから、将来仕事でも旅行でも役に立つ」。

同じように、仏語を選択・履修していた生徒の一人に、その理由を質問した。返答は、「自分の両親が、フランス系アメリカ人だから」、だったと思う。

我が国の外国語教育改善のために、早急に取り組まなければならないことは

1．文部科学省による「教科書検定制度」及び教育委員会による「中学校用教科書採択制度」。

2．外国語教育担当者の採用制度。

の改善だろう。

筆者の案はまず

日本中・高校外国語教育本部

のもとに、「英語」の場合

「最終学歴、教職経験、研究業績」によって選ばれた７人で構成する

英語教科書審査課 →中学校用
→高校用

が、「文部科学省の業務代行をする」。これは

英語以外の外国語も同じ。

＊従って、「文部科学省検定済」ではなく、「日本中・高校外国語教育本部審査済」となる。

この下部組織として、筆者の住む福岡県の場合

日本中・高校外国語教育福岡県支部

のもとに、「英語」の場合

「最終学歴、教職経験、研究業績」によって選ばれた

５人で構成する

英語科教員採用課→高校

→中学校(県立学校で中学部がある場合)

が、「福岡県教育委員会の業務代行をする」。これは

英語以外の外国語も同じ。

＊高校の教科書採択は、各高校による。

北九州市の場合は

日本中・高校外国語教育北九州市支部

のもとに、「英語」の場合

「最終学歴、教職経験、研究業績」によって選ばれた

５人で構成する

→英語教科書採択課

→英語科教員採用課→中学校

→高校（市町村立高校がある場合)

が、「北九州市教育委員会の業務代行をする」。これは

英語以外の外国語も同じ。

次に教員の採用試験については（英語の場合)

書類選考→大学の卒業論文

合格者のみ筆記試験

１．纏まった英文の和訳。

２．与えられた題目について、自分の考えや意見を英文で纏め、口頭で発表する（１～３分スピーチ）ための英作文（辞書使用可）。
３．英語聞き取りテスト（書き取りを含む）。

論文審査と筆記試験を総合し、合格者名簿（１年間有効）を発表。管轄の教育委員会は、その名簿から採用者を決定する。

＊外国語教育を選択制にすると、教員の確保が難しくなる、と思われるかもれない。

中学校１年生の場合、入学時に小学校から提出される内申書に、「入学後外国語を履修する（その場合は外国語名も）」、あるいは「しない」を、記入する欄をもうければいい。

高校１年生の場合も同様になる。入試の際中学校から提出される内申書に、「合格入学後、外国語を履修する（その場合は外国語名も）」、あるいは「しない」を、記入する欄をもうければいい。

在校生（中学１、２年生、高校１、２年生）については、２学期終了時点で、「現在履修している外国語を、来年度も履修する」、あるいは「来年度はしない」の、調査をすればいい。

初年度はうまくいかないかもしれないが、数年もすれば、各学校における外国語履修者の数は、落ち着くだろう。

＊高校用英語教科書の内容に関しては、現在のように、主として英米の文学作品を、高校生向けに書き換えたもののみならず
　自然科学系（数学や物理、化学等）のもの
　社会科学系（政治・経済・歴史等）のもの
　家庭科（衣・食・住）等
に関するものを、含むものとする。

以上のことを原案とし、より改善して頂ければ幸いである。

あとがき

筆者は日本語や英語に関することのみならず、自分の身の回りにおける問題点に関し、頭の中で整理する。そして、パソコンの日本語ワープロソフトを使って、文字に変える。そうしておくと、その話題について話す際、纏まりよく話すことができる。

まず

後期高齢者医療保険制度は今すぐ改善を

2018年に75歳になり、以後後期高齢者医療保険料を支払っている。現在の後期高齢者医療保険料は約11,250円。これに、健康保険料約3,500円、さらに介護保険料約7,200円(いづれも月単位に換算)が加わる。

筆者の年金収入は月平均170,000円。このうち健康保険料に介護保険料を加えたものが占める割合は、約13パーセントになる。

我が国の男の平均寿命は約80歳。後期高齢者が残りの年数生きるためには、筆者の場合、資産税、市県民税、火災や自然災害に備えての保険料、光熱費、さらに、築40年を越えた住居の修理代が必要になる。

我が国の後期高齢者全員に、酒を飲み、タバコを吸い、自家用車で移動し、高度先端医療技術で延命治療を受け

るとしての健康保険制度を提供されては、堪ったものではない。なぜなら、筆者は全く正反対の生き方

　手術しなければならない病気のような場合は、入院治療が必要。しかし、生活習慣病は、自分の努力で防ぐことができる。血圧計、体重計、体温計を備え、自分で努力すること。
（尊敬する故日野原重明元聖路加国際病院名誉院長の言葉）

を実行してきたし、これからも変わらない。
　車や自然災害保険などは、基礎的な補償から、加入者の選択により、補償も掛け金も増加するようになっている。後期高齢者医療保険制度も、検診を主とする基礎的なものから、加入者の選択により、対象となる治療範囲を広げ、それに応じた掛け金になるような制度が、なぜできないのだろうか。さらには

　個人の努力により、健康診断で検査項目すべての数値が基準内の場合は、それに応じるような特典付与制度の導入が必要。

だろう。
　次に

民家の近くで、小型ヘリコプターを使っての 農薬の空中散布は直ちに禁止を

筆者は北九州市門司区の農村地帯に住んでいる。数年前から、小型ヘリコプターによる農薬の空中散布に、大変迷惑している。

8月になると、何の予告もなく、ある日突然、小型ヘリコプターによる農薬の空中散布が、JA北九州東営農課の職員によって行われる。筆者はヘリコプターの騒音と農薬の悪臭で気づき、まず急いで2階へ駆け上がり、窓を閉め、それから1階の窓を閉める。家の全ての窓を閉め切った状態は、約30分間。この間はまさに息苦しい。

小型ヘリコプターによる農薬の空中散布を行う方々は、礼儀知らずのみならず、環境問題への関心が全くないらしい（筆者は、「JA北九州東営農課」というのは、暴力団組織ではないかと疑っている。都会の暴力団が生きるためには、銃刀類が使われると聞いている。農村の暴力団が生きるためには、「小型ヘリコプターによる農薬の空中散布」が、行われるのだろう）。

アメリカ合衆国の農村地帯では、確かに小型飛行機による農薬散布が行われている。しかしそこは、民家は一軒もなく、広大な大地に栽培するブロッコリーや大豆への農薬散布である（それでも、付近に生息する野鳥の数が激減したと、報告されている）。

これに対し、我が国の状況は全く異なる。稲作用の水

田は、筆者の住居の隣り合わせにある。そこで小型ヘリコプターによる農薬の空中散布を行えば、どのような結果を招くかは、説明の必要はなかろう。風向きによっては、農薬が地面に届く前に、筆者の住居に降りかかり、その効果は疑問である。

筆者は約40年前、農地を宅地にした現在地に住居を新築し、住み始めた。

当時は4月になると、やかましいくらい小鳥のさえずりが聞こえた。また比較的高い庭木には、小鳥が巣を作ることもあった。その代償として（?）、外に干した洗濯物に小鳥の糞がかかり、迷惑したことはあった。

約40年後の現在は、4月になって、「ようやく小鳥の鳴き声が始まった」くらいの感じになってしまった。言い換えれば、「小鳥の数が激減した」ことに外ならない。

理数系に関する知識にうとい筆者でも、最近の「気候変動」は実感している。

毎年8月の終わりから、9月の始めにかけては、カラッとした晴天が続き、農家の方々にとって、絶好の米の収穫天気だった。ところが本書執筆中の2019年は、同じ時期、ほぼ毎日雨が続いた。

そのためか、稲作用水田の風景も今までとは異なってしまった。稲穂を支えている多くの茎は倒れ、稲穂は水分を含んだ地面と、かなりの期間接触していた。おそらく、米粒の品質に、大きく影響したのではなかろうか。

現在の環境状態を維持するためには、ひとりひとりの努力から始めなければならない段階にきていると、筆者は感じている。

小型ヘリコプターによる農薬の空中散布は、民家のない、山の裾野に広がる稲作用水田地域のみに限定すべきである。民家の近くの水田で稲作を行う場合は、「人による農薬散布」は、覚悟しなければなるまい。

「環境に優しい都市」を宣言した北九州市は、稲作用の水田に隣接する宅地に、個人用住宅の建築許可を出し、筆者の問題提起に、「知らぬふり」をするのだろうか。

そのようであれば

北橋健治氏を首長とする北九州市は
環境を破壊し、高齢者には住みにくいところ。

と、言わざるをえない。

次に、国外に目を向けてみよう。

アメリカ合衆国では、大きな課題のひとつとして、中南米からアメリカ合衆国を目指す「不法移民を如何に防ぐか」に、直面している。

アメリカ合衆国に入る前に拘束された一人が、インタビューに答えていた。

毎日の生活費を稼ぐ仕事がない。昼間はギャングが通りを闊歩して、被害をうける。夜間は家の外で銃声が響き、眠れない。このような状態では、将来の希望は持てない。従って命を賭けて、アメリカ合衆国を目指した。

ヨーロッパ諸国も、同じような問題に直面している。アフリカ諸国から、命を賭けて地中海を渡り、ヨーロッパを目指す人々は、後を絶たない。そのような人々もまた

食糧にも欠く毎日のうえ、国内は内戦状態で、いつ死ぬかもしれない状態。

と、答えている。
不安定な政治要因や治安の悪化等は、先進国によるもの（内政干渉や武器の流入など）ではなかろうか（？）
現在、世界の幾つかの国では、莫大な費用と時間を使って、使用できない（と筆者は考える）核兵器を製造、改良する。莫大な金と時間を使って使用できないものを（抑止力として）製造するのなら、そのうちの一部でも、少しずつ、国連を通して

中南米やアフリカ諸国に、そこで生まれた人々が自給自足できるような農業政策、治安の回復、政治体制の安定等に、出費できるのではなかろうか。

アメリカ合衆国とメキシコの国境に壁を築いて、問題解決ができるだろうか（?）ＥＵ諸国においても、アフリカからの難民受け入れに反対する政党が、次第に勢力を伸ばすことで、問題解決ができるだろうか（?）

今の時代、このような諸問題は、やがて国境を越える。島国の日本でも、やがては避けることができなくなるのではなかろうか。

筆者の著書はこれで11冊目となった。百瀬精一鳥影社代表取締役の筆者への御厚意に感謝しつつ、本書を締め括りたい。

2021年5月　　　木本　清

〈著者紹介〉

木本　清（きもと　きよし）

1943 年生まれ

北九州大学外国語学部米英学科卒

元高校教諭

著書に

『なぜ学校の英語教育はだめなのか』

『日本語と英語を比べてみれば』

『英語らしい英文を用いるために』

『日本の英語教育をだめにしているのは』

『反論』

『私の英語遍歴』

『再び「広島・長崎への原子爆弾投下の過程」を検証する』

『「英語と日本語」再考』

『「英語一辺倒の外国語教育」をもうやめよう』

『NHK 民営化論』

いずれも（鳥影社刊）がある

続 NHK 民営化論

いつまで続ける
「日本語の誤用及び
外国語教育への妨げ」

定価（本体 1500 円 + 税）

乱丁・落丁はお取り替えします。

2021年5月13日初版第1刷印刷

2021年5月19日初版第1刷発行

著　者　木本　清

発行者　百瀬精一

発行所　鳥影社 (choeisha.com)

〒160-0023 東京都新宿区西新宿3-5-12トーカン新宿7F

電話 03-5948-6470, FAX 0120-586-771

〒392-0012 長野県諏訪市四賀229-1(本社・編集室)

電話 0266-53-2903, FAX 0266-58-6771

印刷・製本　モリモト印刷

ISBN978-4-86265-888-3　C0093